Thomas Meyer

Was ist Fundamentalismus?

Thomas Meyer

Was ist Fundamentalismus?

Eine Einführung

VS VERLAG

Bibliografische Information der Deutschen Nationalbibliothek
Die Deutsche Nationalbibliothek verzeichnet diese Publikation in der
Deutschen Nationalbibliografie; detaillierte bibliografische Daten sind im Internet über
<http://dnb.d-nb.de> abrufbar.

1. Auflage 2011

Alle Rechte vorbehalten
© VS Verlag für Sozialwissenschaften | Springer Fachmedien Wiesbaden GmbH 2011

Lektorat: Frank Schindler | Verena Metzger

VS Verlag für Sozialwissenschaften ist eine Marke von Springer Fachmedien.
Springer Fachmedien ist Teil der Fachverlagsgruppe Springer Science+Business Media.
www.vs-verlag.de

Das Werk einschließlich aller seiner Teile ist urheberrechtlich geschützt. Jede Verwertung außerhalb der engen Grenzen des Urheberrechtsgesetzes ist ohne Zustimmung des Verlags unzulässig und strafbar. Das gilt insbesondere für Vervielfältigungen, Übersetzungen, Mikroverfilmungen und die Einspeicherung und Verarbeitung in elektronischen Systemen.

Die Wiedergabe von Gebrauchsnamen, Handelsnamen, Warenbezeichnungen usw. in diesem Werk berechtigt auch ohne besondere Kennzeichnung nicht zu der Annahme, dass solche Namen im Sinne der Warenzeichen- und Markenschutz-Gesetzgebung als frei zu betrachten wären und daher von jedermann benutzt werden dürften.

Umschlaggestaltung: KünkelLopka Medienentwicklung, Heidelberg
Druck und buchbinderische Verarbeitung: Ten Brink, Meppel
Gedruckt auf säurefreiem und chlorfrei gebleichtem Papier
Printed in the Netherlands

ISBN 978-3-531-16002-3

Einleitung 7

1 **Eine Zuflucht in den Krisen der Moderne** 11

   Die Geburt einer politischen Ideologie 11
   Eine durchaus moderne Gegen-Moderne 19
   Fundamentalismus. Beschreibung des Phänomens 25

2 **Spielarten des Fundamentalismus** 31

   Religiös-politischer Fundamentalismus 31
   Islamischer Fundamentalismus an der Macht 37
   Peripherer religiöser Fundamentalismus 51
   Kompensatorischer Migranten-Fundamentalismus 59
   Ethno-Fundamentalismus 63
   Säkularer Gemeinschafts-Fundamentalismus 66
   Ideal-Typen des Fundamentalismus 70

3 **Ursachen und Folgen des Fundamentalismus** 73

   Fundamentalismus als Gegen-Globalisierung 73
   Die Kulturkampfideologie, Stütze des Fundamentalismus 83
   Die Sprache der empirischen Forschung 86
   Theorien und Erklärungen des Fundamentalismus 92
   Die Macht des Vorurteils: Beispiel Islam 98

4 **Fundamentalismus und Demokratie** 108

   Eine transkulturelle Welt 108
   Kultureller Pluralismus und Demokratie 116
   Zivilgesellschaftliche Integration 124
   Der Irrweg der Leitkultur 127
   Eine bleibende Versuchung 130
   Risiko Parallelgesellschaft 136
   Populismus und Fundamentalismus 140
   Ein Konflikt nicht zwischen, sondern in den Kulturen 146

Literatur **150**

Einleitung

„Fundamentalismus" ist eine der großen Herausforderungen der modernen Welt und zugleich einer der am häufigsten missbrauchten Begriffe der Gegenwart. Ein schillerndes Phänomen, aber alles andere als eine bloße Schimäre. Höchst real in Geist und Motivation rücksichtsloser Kollektive, die im Namen ihrer selbsterkorenen Gewissheiten strafen, unterwerfen, herrschen und töten, nicht selten aber auch von den jeweiligen Benutzern des Begriffs nach Belieben zur vernichtenden Etikettierung missliebiger Ideen, Personen oder Gruppen verwandt. Der Begriff ist also mit Vorsicht zu genießen. Er klärt oder rüttelt auf, wo er am Platze ist, aber vernebelt und verwirrt, wo er als bloße Diffamierungswaffe eingesetzt wird. Folglich kann er, um Missbrauch zu vermeiden, nicht einfach zu den Akten gelegt werden. Was einzig hilft, ebenso wie bei anderen oft missbrauchten Grundbegriffen der politischen Sprache, etwa Demokratie, Gemeinwohl oder Gerechtigkeit, ist daher nicht der Verzicht auf sie, sondern ihre genaue und trennscharfe Klärung. Es ist das Ziel des vorliegenden Bandes, dazu einen neuen Beitrag zu leisten.

Fundamentalismus, im wohlverstandenen Sinne, ist im Grunde ein Paradox. Er will in der modernen Welt mit den Mitteln der modernen Kultur, Wissenschaft, Technologie und Waffenarsenale, sowie Massenorganisation und -kommunikation, die Normen und Orientierungen, die der modernen Kultur und all diesen Errungenschaften zugrunde liegen, radikal aus der Welt schaffen[1]. Sein Auftreten in den öffentlichen Arenen der Welt lässt sein Hauptkennzeichen deutlich werden. Es handelt sich bei ihm gerade nicht primär um eine religiöse Lebensform, sondern um eine politische Ideologie, die auf die Rechtfertigung eigener Macht und Herrschaft im öffentlichen Raum gerichtet ist. Der Bezug des Fundamentalismus zur Religion besteht vor allem darin, dass er sich ihrer nach Belieben zur Rechtfertigung seiner Vormachtsansprüche über die Lebenswelt und das Gemeinschaftsleben bedient.

---

[1] Eisenstadt 1998

Der 11. September 2001 hat mit der Macht der weltweiten Aufmerksamkeit, die er erzwang, etwas plötzlich sichtbar werden lassen, das sich schon seit den 1970er Jahren in vielen Teilen der Welt angekündigt hatte: den Einzug einer neuen, religiösen Form des politischen Fundamentalismus in die Arenen der Weltpolitik. Etwas, das zuvor, erkennbar seit dem Beginn des 20. Jahrhunderts, nur als schmaler Rinnsal an den Rändern einiger Gesellschaften, wie den USA, Indien oder Ägypten, zu beobachten war, gewann nun in der Form fundamentalistischer Ideologien und Bewegungen in unterschiedlicher Stärke und Prägung in allen Kulturen der Welt Auftrieb und Einfluss. Das gilt für den Hinduismus nicht weniger als für den jüdischen und christlichen Bereich und selbst für den von Hause aus auf Toleranz und Friedfertigkeit programmierten Buddhismus. Es gilt in für uns besonders sichtbarer Weise auch für den Islam, der wie alle anderen religiös bestimmten Kulturen weder von Hause aus fundamentalistisch festgelegt, noch gegen die fundamentalistische Versuchung gefeit ist. Gerade der Islam zeigt vielmehr mit Blick auf solche Länder wie Indonesien, in denen er zur Säule der Demokratisierung geworden ist, und andere wie den Iran, in denen er gegen den Willen der Bevölkerungsmehrheit als Rechtfertigung diktatorischer Herrschaft und kultureller Bevormundung einer ganzen Gesellschaft herhalten muss, dass es andere, gesellschaftliche und politische Faktoren sein müssen, die entscheiden, welche Rolle er in der Praxis tatsächlich spielt, und nicht die überlieferten Texte seiner Offenbarungen, die überall dieselben sind.

Fundamentalismus ist nicht, wie im Folgenden gezeigt werden soll, eine angeborene Eigenschaft einzelner Religionen, sondern eine mögliche Begleiterscheinung aller Kulturreligionen in den Krisen der modernen Welt. Seine Stärke, seine Massenwirksamkeit, seine Handlungsstrategien und das Maß der Intransigenz und Verbitterung seiner Anhänger sind in der Hauptsache in gesellschaftlichen, sozialen und politischen Ursachen begründet, die außerhalb der religiösen Glaubenswelt liegen, in der sich seine Begründungen bewegen. Der Fundamentalismus erweist sich bei genauer und vergleichender Betrachtung als eine Begleiterscheinung des religiösen Weltverständnisses, aber ebenso vergleichbarer säkularer Weltanschauungen in den widerspruchsvollen und für die davon betroffenen Menschen oft schmerzhaften und desorientierenden Prozessen der Modernisierung, mit denen die moderne Kultur sie weitgehend allein

Einleitung

lässt. Er ist aber, um dieses verbreitete Missverständnis von vornherein zu zerstreuen, keineswegs identisch mit der Rückkehr des Bedürfnisses nach Religion ins private und öffentliche Leben überhaupt, denn dieses kann viele, vor allem auch rechtsstaatlich-demokratische Formen annehmen. Er ist vielmehr eine sehr spezielle Form ins öffentliche Leben gewendeter absoluter Heilsgewissheit.

1 Eine Zuflucht in den Krisen der Moderne

Die Geburt einer politischen Ideologie

Ereignisse

Etwa zeitgleich mit dem Ende des ideologischen Ost-West-Konflikts und der ihn bestimmenden Konfrontation des marxistisch-leninistisch legitimierten Kommunismus mit der rechtsstaatlichen Demokratie der „westlichen" Welt scheinen sich die Beispiele, jedenfalls aber unsere Aufmerksamkeit für sie, beträchtlich gemehrt zu haben, die auf eine Steigerung *ethno-kulturell* oder *kulturell-religiös* begründeter fundamentalistischer Aktivitäten im politischen Raum hindeuten. Sie finden sich in allen Regionen und Kulturen der Welt und keineswegs, wie die mediale Nachrichtenlage oft nahelegt, allein im Islam. An der Oberfläche, auf der Ebene der für die jeweiligen Konflikte von den beteiligten Parteien genannten Gründe und Motive, scheint die Welt des 21. Jahrhunderts zu einer Arena religiös-kulturell getriebener Auseinandersetzungen geworden zu sein. Die realen Konfliktgründe freilich erweisen sich in der genaueren Analyse zumeist als profane Verteilungs-, Zugangs- oder Anerkennungskämpfe rivalisierender Gruppen, die nach dem Verlust der Sprache der Ideologien nun in religiöser, mitunter auch ethnischer Sprache artikuliert und legitimiert werden.

Ein markantes Beispiel dafür waren 1992 die Vorgänge in der indischen Metropole Bombay, der innerlich zerrissenen Riesenstadt, die, oft auf engstem Raum, sehr lebendige Gemeinschaften nahezu aller Religionen der Welt beherbergt. Dort fanden gegen Ende jenes Jahres innerhalb einer einzigen Woche annähernd 1400 Menschen von der Hand fanatisierter Mitbürger einen gewaltsamen Tod[2]. Sie waren alle Muslime. Die Massaker seien die Folge lang währender religiöser Spannungen, berichteten die Medien, und sie waren eindeutiger in ihrem Urteil, je weiter sie

---

[2] Vergl. zum Folgenden Mehta 1997

den Schauplätzen des mörderischen Geschehens entrückt waren. Fast allen schien mit diesem Deutungsmuster das Geschehen selbst hinreichend erklärt zu sein. Man hatte sich zu dieser Zeit schon daran gewöhnt, das Weltgeschehen in diesen Kategorien zu sehen und zu verstehen. Geraume Zeit nach dem Massaker begannen dann Gruppen von Muslimen damit, Bomben an vornehmlich von Hindus besuchten Orten der übervölkerten und überall dich gepackten Megastadt zu legen, ebenfalls mit zahlreichen willkürlich getroffenen Opfern. Ein Kreislauf wahlloser Gewalt kam in Gang, der bald jeder Seite Gelegenheit bot, die eigenen Übergriffe mit den zuvor erfolgten der anderen Seite zu rechtfertigen. Immer mehr schien sich auf diese Weise zu bestätigen, es ginge bei alledem um nichts anderes als um die sozusagen gottgegebene Unverträglichkeit der unterschiedlichen Religionen.

Die Vorgänge galten nicht als Überraschung, da schon seit Monaten von vielen Orten des Subkontinents über wachsende Spannungen zwischen der hinduistischen Bevölkerungsmehrheit und der Minderheit der Muslime, die überall in Indien mitten unter ihnen leben, berichtet worden war. In einer Zeit, da aus vielen Weltgegenden von Spannungen und Kriegen zwischen Religionsgruppen zu hören war, erschien dem Publikum, das setzten die Medien voraus, schon die bloße Nachbarschaft zwischen den Angehörigen unterschiedlicher Religionen als hinreichende Erklärung ihres gewalttätigen Zusammenstoßes. Wer Bombay kennt, mochte sich fragen, warum dort nicht auch Parsen, Jainees, Sikhs oder Christen übereinander hergefallen waren, und vor allem, warum bei den Zusammenstößen, über die berichtet wurde, in der ersten Runde der Gewaltexzesse keine Hindus zu Opfern wurden. Erst die genauere Betrachtung indischer Experten vor Ort und ortskundiger Medien offenbarte dann allmählich, dass der Vorfall nach einer wesentlich differenzierteren Klärung verlangte. Sie verrät viel über die wirklichen Ursachen solcher zumeist allzu schnell als religiös eingeordneter Konflikte und über die Mechanismen ihrer religiösen Umdeutung.

Nicht lange nach dem verheerenden Blutbad wurden sorgfältige Untersuchungen über die Abläufe und ihre Ursachen vorgelegt. Das Ergebnis war eindeutig. Nirgends in den Straßen der Metropole, in denen sich das Leben der unterschiedlichen Religionsgemeinschaften berührt und oft mischt, waren Nachbarn plötzlich übereinander hergefallen, nur weil sie

Die Geburt einer politischen Ideologie 13

verschiedenen Religionen angehörten. Vielmehr waren instruierte Provokateure, von zentralen Stellen organisiert, in die Wohnviertel eingedrungen und hatten dort gegenüber den Angehörigen der religiösen Minderheit an deren markierten Wohnplätzen kalkulierte Gewalt ausgeübt. Zu Fehden zwischen den Angehörigen der Gemeinschaften selbst in ihren Wohnwelten kam es, wo überhaupt, erst in der Folge dieser Angriffe.

Die auf diesem Wege gezielt erzeugte Verfeindung zwischen den religiösen Gemeinschaften setzte eine politische Mobilisierung in Gang, die Macht und Einfluss der fundamentalistischen Teile der Mehrheitskultur und ihrer Anführer steigerte, die hinter den Anschlägen steckten. Zunächst wurde ihre Gefolgschaft mobilisiert und zusammengeschweißt und schließlich, als Reaktion auf die Gegenattacken der, wie sich zeigte, gleichfalls fundamentalistisch gesinnten Gewalttäter der Gegenseite, auch verbreitert und gemehrt. Eine Spirale der Radikalisierung war in Gang gesetzt, die die Auffassung zunehmend zu bestätigen schien, es seien die Religionen selbst, die hier miteinander in Konflikt geraten waren. Als hauptsächliche politische Nutznießer der ganzen Strategie erwiesen sich jene, die sie ersonnen und ins Werk gesetzt hatten. Ihr Einfluss und ihre Macht in der Stadt wuchsen, Kritiker im eigenen Lager konnten nun überzeugender zum Schweigen gebracht, Zögernde mitgerissen und extreme Herrschaftsmittel gerechtfertigt werden. Bei den nächsten Wahlen fuhren sie ihre Ernte ein und hatten in Gestalt der Gegenattacken durch Aktivisten aus der Gemeinschaft ihrer eigentlichen Opfer gleichzeitig Fakten geschaffen, auf die sie sich bei einer künftigen Neuauflage ihrer gewaltsamen Übergriffe dann um so leichter berufen konnten[3].

Dieser Bericht ist ein in mancherlei Hinsicht repräsentatives Beispiel für die Wirksamkeit fundamentalistischer Akteure und deren Deutung in der medialen Öffentlichkeit, teilweise sogar in der Wissenschaft. Vergleichbare Konstellationen sind, wo kulturelle Unterschiede zum Zwecke der Verfeindung eingesetzt werden, bei näherer Betrachtung häufig zu beobachten, fast deckungsgleich zum Beispiel bei den ethnisch-religiös begründeten Gewaltexzessen buddhistischer Fundamentalisten an Angehörigen der tamilisch-hinduistischen Minderheit in Colombo, Sri Lanka, im Jahre 1983, die zu einem der Auslöser eines dann über zwei Jahrzehn-

---

[3] Am Rande sei erwähnt, dass sich der Hauptstratege der Hindufundamentalisten Bal Thakeray gerne mit Adolf Hitler verglich und dessen Politik gegen Minderheiten rühmte. Vergl. Voll 1989

te währenden verheerenden Bürgerkriegs wurden. Die Ereignisse von Bombay waren nur ein Glied in einer längeren Kette ähnlicher Vorkommnisse in weit entfernten Weltregionen, in Europa in besonders spektakulärer Weise im zerfallenden Jugoslawien in den 1990er Jahren. All diese Konfliktsituationen mit ihren jeweils unterschiedlichen Mustern konfligierender Verteilungs-, Anerkennungs-, Dominanz- oder politischer Herrschaftsinteressen verband wenig außer dem Sachverhalt, dass an ihnen Angehörige unterschiedlicher Religionen und Kulturen Teil hatten und dass die aggressiven Konfliktverursacher demonstrativ die Verteidigung der vermeintlich bedrohten religiösen oder ethnischen Identität ihrer Gruppe als Rechtfertigung nannten. Die großen Konflikte im Namen von Klassen und Ideologien, die bis zum Ende des Kalten Krieges die Aufmerksamkeit der Weltöffentlichkeit gebannt hatten, verschwanden seit dem Zusammenbruch des Sowjetimperiums im Jahre 1989 von der Bildfläche und mit ihnen die Fähigkeit der Betrachter, sie als Konfliktursachen künftig auch nur in Erwägung zu ziehen. Eine andere Logik schien nun Entstehung und Verlauf der großen und kleinen politischen Konflikte der Welt zu bestimmen.

Huntingtons einflussreiche Deutung

Dieser augenscheinliche Wandel hatte schnell eine scheinbar plausible Deutung gefunden, die bis heute, mittlerweile freilich eher verdeckt als zitiert, beträchtlichen Einfluss auf die Weltöffentlichkeit und unsere Fähigkeit gewonnen hat, die Geschehnisse zu sehen und zu deuten. Als einflussreichster unter den neuen Weltdeutern hat sich der amerikanische Politikwissenschaftler Samuel Huntington erwiesen[4]. Trotz der vielen Widerlegungsversuche seiner Thesen durch journalistische und wissenschaftliche Autoren, voran und am gründlichsten in jüngster Zeit der indische Nobelpreisträger Amartya Sen, der wie kein zweiter über eigene Erfahrungen mit ausgeprägt kulturell divergenten Lebenswelten verfügt, hat diese Sicht im öffentlichen und in beträchtlichem Maße auch im wissenschaftlichen Bewusstsein in erheblichem Maße fortgewirkt[5]. Die von ihm erzeugten Deutungsmuster haben, weil sie eine anscheinend so

---

[4] Huntington 1996
[5] Sen 2010

Die Geburt einer politischen Ideologie

überzeugende und einfache Erklärung des sichtbaren Teils der neuen Konflikte bieten, ein Eigenleben gewonnen, das sich überall hartnäckig Geltung verschafft.

Huntington zufolge wird das 21. Jahrhundert unvermeidlich das Zeitalter eines Zusammenstoßes der Kulturen der Welt sein. Damit gemeint sind die von den großen Weltreligionen geprägten Kulturkreise, von Huntington auch Zivilisationen genannt. Der existentielle Selbstbehauptungskonflikt zwischen ihnen sei unausweichlich, weil sie sich über die Schranken ihrer einander widersprechenden Weltdeutungen hinweg in den Kernfragen des gesellschaftlichen und politischen Zusammenlebens prinzipiell nicht verständigen können, denn sie sind alle von einander widerstreitenden sozio-politischen Grundwerten umfassend geprägt, die eine Verständigung und selbst Kompromisse über Grundsätze des Zusammenlebens kategorisch ausschließen. Sie geraten nach dieser Deutung erst in der Gegenwart in diese schicksalhafte Konfrontation, weil sie nach dem Zusammenbruch der großen Ideologien, die die kulturellen Unterschiede bloß überwölbt und verdeckt hatten, nunmehr einander direkt und offen gegenüber stehen und ihrer prinzipiellen Unvereinbarkeit nicht mehr ausweichen können. Das 21. Jahrhundert wird nach dieser Sicht unweigerlich zur Arena von kleinen und großen, lokalen, regionalen und internationalen Kulturkämpfen werden, bis hin zum letztlich unvermeidbaren Kulminationspunkt eines großen religiös-kulturellen Weltkriegs als Entscheidungsschlacht zwischen den konfligierenden Herrschaftsansprüchen. Auch wenn Huntington selbst im Feuer der Gegenkritik zunehmend eine Art *happy end* des ganzen Dilemmas in Aussicht stellte, ist dies doch die eindeutige Logik seiner gesamten Beweisführung. Die Welt würde damit zur Beute eines in allen Kulturen die Macht ergreifenden Fundamentalismus, da dieser nichts anderes sei, als ihr wahrer Kern. Den heftigen Konflikten der großen Ideologien im 20. Jahrhundert, auf globaler Ebene nur knapp am Weltkrieg vorbeigeschrammt, soll nun ein Krieg der Kulturen folgen, der kaum zu vermeiden ist, da, Huntingtons These zufolge, kulturelle Identitäten, anders als die verblichenen ideologischen, durch Widerlegung ihrer Geltungsansprüche oder die Konversion ihrer Anhänger nicht einfach abgestreift werden können, denn sie durchdringen die von ihnen geprägten Kollektive und Individuen wie eine zweite Natur.

1 Eine Zuflucht in den Krisen der Moderne

Dieses Modell einer zur immerwährenden Friedlosigkeit verurteilten modernen Welt hat einen dreifachen Bezug zum Thema Fundamentalismus. Es sieht zum Einen die verschiedenen Kulturen der Welt so, als sei ihre jeweilige fundamentalistische Auslegung durch extremistische Aktivisten die tatsächlich allein angemessene. Es liefert, zweitens, den Fundamentalisten in allen Kulturen die Stichworte für eine starke Selbstrechtfertigung von außen. Und es begründet zudem für viele Nicht-Fundamentalisten das Motiv, es sei ratsam, damit zu rechnen, dass die meisten Vertreter der anderen Kulturen letztlich einem fundamentalistischen Selbstverständnis ihrer Tradition zuneigen, und ihnen dementsprechend entgegen zu treten. Dieses Deutungsmodell hat eine mächtige Tendenz zur sich selbst erfüllenden Prophezeiung, die allmählich wahrmacht, was anfänglich unzutreffend war. Es spielt damit dem Fundamentalismus in allen religiösen Kulturen, vor dem es scheinbar warnt, in Wahrheit in die Hände und verschafft ihm erst eine Art Fundament in der Sache.

Der Ursprung des Begriffs „Fundamentalismus"

Es trifft freilich zu, dass seit dem Ende der großen Ideologien des 20. Jahrhunderts der politisch-religiöse Fundamentalismus in allen Kulturen sein Haupt erhoben hat und zur Rechtfertigung zahlreicher blutiger Konflikte diente. Tatsächlich hat sich auch gezeigt, dass fundamentalistische Strömungen unter geeigneten Bedingungen in allen Kulturen der Welt entstehen und mächtige politische Energien freisetzen können. Den *protestantischen* Fundamentalismus in den USA, den *Hindu*-Fundamentalismus in Indien, den *evangelikalen* Fundamentalismus im ehedem katholischen Guatemala, den *jüdischen* Siedler-Fundamentalismus in Israel, den *buddhistischen* Fundamentalismus in Sri Lanka, den *islamischen* Fundamentalismus im Iran oder in Algerien, den *konfuzianischen* Fundamentalismus in Südasien, den *römisch-katholischen* Fundamentalismus in Europa und den USA, um mit den maßgeblichsten Fällen die unbegrenzte kulturelle Bandbreite sichtbar zu machen, trennen im Inhalt ihrer Lehre, in der Lebensweise der Menschen, die ihnen zugehören, und in der Gestalt der sozialen und politischen Ziele, die sie verfolgen, Welten, so wie es ihre Verwurzelung in höchst unterschiedlichen Kulturen erwarten lässt. Mehr aber als alles Trennende verbindet sie derselbe Stil des ver-

Die Geburt einer politischen Ideologie 17

feindenden Umgangs mit kulturellen Unterschieden, eine Strategie vormachtsorientierter Politisierung der eigenen Kultur gegen die Kultur der Anderen, im Inneren ihrer eigenen Gesellschaften und außerhalb. Kulturelles Selbstbewusstsein wird zum Hebel für politische Verfeindung um der Macht willen, der gewissheitsbasierten neuen Identitätspolitik eines geschlossenen Welt- und Politikverständnisses[6]. Sie vor allem ist das Kennzeichen des religiös politischen Fundamentalismus in unserer Zeit. Er erweist sich damit keineswegs als der Ausdruck einer Überwindung des Zeitalters der politischen Ideologien, sondern lediglich als die Geburt einer neuen, zusätzlichen politischen Ideologie im Gewand nüchternster kultureller Lebenswahrheiten.

In der Sache hat es Fundamentalismus seit dem Beginn der kulturellen Modernisierung als deren immanenten Gegenimpuls schon immer gegeben. Das Wort trat zuerst im Zusammenhang mit einer religiösen Schriftenreihe in Erscheinung, die in den Jahren 1910 bis 1915 in den USA unter dem Titel „The Fundamentals" erschien. Sie trug den kennzeichnenden Titel „A Testimony to Truth" – Ein Zeugnis der Wahrheit[7]. 1919 gründeten die protestantischen Christen, die die Reihe herausgegeben hatten, eine weltweit tätige Organisation, die „World's Christian Fundamentals Association". Damit war die Bezeichnung „Fundamentalismus" für diese Art christlicher Glaubensüberzeugung geprägt und hat sich zunächst für sie im allgemeinen und im wissenschaftlichen Sprachgebrauch durchgesetzt. Allmählich wurde sie auch auf andere Ideologien und Bewegungen zunächst im Katholizismus und dann in anderen Kulturbereichen bezogen, wenn sie die charakteristischen Merkmale teilten. Im südost-asiatischen Raum hat sich für denselben Sachverhalt der Ausdruck *communalism* eingebürgert, der den Akzent auf die Identitätspolitik religiös bestimmter sozialer Gemeinschaften setzt, im französischen Sprachbereich wird zumeist von *intégrisme* gesprochen, um die kennzeichnende Einheit von Religion und Politik hervorzuheben.

Es waren vor allem vier Fundamentals, die die ursprüngliche fundamentalistische Bewegung, die der Sache ihren Namen gab, charakterisierten und die in der Folge in jeweils übertragener Form als Kern fundamentalistischer Gesinnung galten: 1. die buchstäbliche Unfehlbarkeit der Hei-

---

[6] Vergl. Meyer 1989a, 1989b, Meyer 2002, Marty/Appleby 1993
[7] Vergl. Torrey 1909

ligen Schrift in allen ihren Teilen, verbunden mit der unbeirrbaren Gewissheit, dass sie keinen Irrtum enthalten könne; 2. die Erklärung, dass alle Theologie, Religion und Wissenschaft nichtig seien, soweit sie dem Wortlaut der Bibeltexte widersprechen; 3. die Überzeugung, dass niemand, der von den Bibeltexten abweicht, wie die Fundamentalisten sie auslegen, ein wahrer Christ sein könne, auch wenn er selbst diesen Anspruch überzeugt erhebt und begründet; und 4. die entschiedene Bereitschaft, die moderne Trennung von Kirche bzw. Religion und Staat immer dann zugunsten einer Bestimmung staatlicher Politik durch die eigene Auslegung der Religion aufzuheben, wenn politisch-rechtliche Regelungen in entscheidenden Kernfragen mit der eigenen Ethik kollidieren.

Dieses Gründungsdokument des modernen protestantischen Fundamentalismus war vor allem gegen die historisch-kritische Bibelauslegung gerichtet, die sich seit der ersten Hälfte des 19. Jahrhunderts in Europa und Amerika ausbreitete. Mit der Behauptung der auslegungslosen Unmittelbarkeit der Gültigkeit von „Gottes Wort" in den heiligen Schriften weisen die Fundamentalisten darüber hinaus auch den Sachverhalt zurück, dass jede Lektüre der Texte unvermeidlich eine hermeneutische Situation darstellt, in der sich der Sinn des Geschrieben erst aus dem Zusammenwirken dessen ergibt, was geschrieben steht und was der Lesende in die Lektüre hineintragen muss, um sie in seiner Lage verstehen zu können. Damit weisen sie gleich zwei tatsächlich unvermeidbare Gegebenheiten der prinzipiellen Relativität des Verständnisses überlieferter religiöser Schriften und Botschaften zurück: die Rolle der historisch konkreten Gebundenheit ihrer jeweiligen menschlichen Autoren und ihre eigene Rolle als jeweils historisch eingebundener Interpreten der Überlieferung.

Unvermeidlich können sie daher nichts anderes erreichen als die willkürliche Immunisierung einer, nämlich ihrer jeweils eigenen Lesart der heiligen Texte. Dies geschieht zumeist in Anlehnung an eine historisch frühere Variante ihrer Deutung und der damit verbundenen historisch anschaulich überlieferten Glaubens- und Lebenspraktiken. Diese werden dann annähernd, freilich mit den unvermeidlichen Beimischungen aus den gegenwärtigen Denk- und Lebenswelten, zunächst rekonstruiert und dann als die anscheinend unberührte Ur-Form des authentischen Glaubens dogmatisiert. In diesem Vorgehen und seinen grundlegenden

Resultaten stimmen die im Inhalt so unterschiedlichen Varianten des Fundamentalismus in allen Kulturen überein, ebenso wie darin, dass sie alle auf die Herausforderungen der modernen Relativierung aller Überlieferung reagieren. Aus diesem Grund ist der die Kulturen übergreifende Begriff des Fundamentalismus sinnvoll, sofern jedes Mal empirisch gezeigt werden kann, dass die ihn bestimmenden Kriterien tatsächlich vorliegen. Das entspricht genau dem Verhältnis von Universalität und Besonderheit im Begriff der kulturellen Moderne selbst, als dessen interner Widerpart sich der Fundamentalismus erweist.

Eine durchaus moderne Gegen-Moderne

Der „Westen" und die moderne Kultur

Die moderne Kultur ist im Kern eine Form des zivilisierten Umgangs mit Differenzen, gerade auch solchen in Fragen des Glaubens und Wissens, der Lebensstile und Ethiken, der politischen Überzeugungen und Werte. Sie ist in Europa im 17. und 18. Jahrhundert aus der viel älteren weitgehend homogenen christlich geprägten Kultur des Westens hervorgegangen, unterscheidet sich von dieser aber in ihrem Anspruch, ihren Erkenntnisvoraussetzungen, ihren Normen und Institutionen prinzipiell[8]. Die Kultur der Moderne ist nicht die Kultur „des Westens" oder „des Abendlands", sondern etwas grundlegend Neues, das aus der unüberwindbaren Krise des christlichen Welt- und Staatsverständnisses seit der Reformation des 16. Jahrhunderts hervorgegangen ist[9]. In diesem prinzipiellen Unterschied, nämlich dem Anspruch auf einen zivilisierten und fairen Umgang mit Differenzen im Lebens- und Weltverständnis von Menschen ohne Privilegierung einer besonderen Glaubensform, und nicht in der vermeintlichen Kontinuität ihrer westlichen Vorgeschichte, gründet der universelle Anspruch, der sich mit den grundlegenden Normen der modernen Kultur verbindet. Darum ist sie nicht lediglich eine lokale Tradition in der Welt neben vielen anderen, sondern ein universalistischer Anspruch, wie mit grundlegenden Differenzen umgegangen werden

---

[8] Habermas 1985, Münch 1986
[9] Vergl. dazu und zum Folgenden: Blumenberg 1974, Bielefeld 2003, Meyer 2004

muss, wenn alle beteiligten Interessen Anerkennung finden sollen, sobald die überlegene Privilegierung eines von ihnen über alle anderen bei den Beteiligten selbst keinen Glauben mehr findet. Die Unterscheidung zwischen den regionalen Traditionen des Abendlandes und der Kultur der Moderne ist für die Bestimmung und für das Verständnis des modernen Fundamentalismus wesentlich.

Die „Kultur des Westens" hatte sich schon seit dem 8. und 9. Jahrhundert in Europa entfaltet. Sie erwuchs auf dem Boden der antiken Klassik und der christlichen Religion und bildete in frühen Ansätzen besondere gesellschaftliche, kulturelle und politische Institutionen aus, die ihre Eigenart prägen. Zu ihnen gehörten ein gewisses Maß an Rechtlichkeit, Trennung von geistlicher und weltlicher Macht, die Vielfalt gesellschaftlicher Gruppen, die Ausbildung politisch-gesellschaftlicher Repräsentativorgane und eine in der christlichen Religion selbst angelegte Vorform des Individualismus, der allerdings lediglich in transzendenter und geistiger Perspektive und nicht in der gesellschaftlichen Lebensrealität Bedeutung erlangte. Diese Bausteine fügten sich freilich bis zum Durchbruch der modernen Kultur im gesamten Mittelalter zu einem rigiden gesellschaftlich-politischen System, in dem die absoluten Gewissheitsansprüche der Religion allen Einzelpersonen und sozialen Gruppen, der ganzen Gesellschaft und dem Staat, dem Wirtschaftsleben und der Kultur ihre Rolle, ihre Spielräume und einen religiös gesetzten absoluten Endzweck zumaßen. Das lässt sie im großen Vergleich strukturell den anderen Kulturen der Welt in wesentlichen Fragen ähnlicher erscheinen als den gesellschaftlichen und politischen Institutionen der Kultur der Moderne, die seit dem 12. und 13. Jahrhundert allmählich aus ihr hervorgegangen sind.

Erst als mit der Selbstentzweiung der christlichen Glaubenswelt in der Reformation des 16. Jahrhunderts die absoluten Gewissheiten zerbrachen, auf denen sie beruht hatte, und nach und nach in allen Bereichen der Gesellschaft widerstreitende Alternativen an die Stelle der überlieferten homogenen Traditionen traten, änderte die Kultur des Abendlandes mit ihrem inneren Funktionssinn der Stiftung von Einheit im Glauben und in den gesellschaftlichen Orientierungen ihr ganzes Wesen. Sie musste nun statt der Verteidigung der Gewissheiten der Überlieferung die Allgegenwart von Differenzen in der Auffassung der gleichen Sachver-

Eine durchaus moderne Gegen-Moderne 21

halte anerkennen und um des eigenen Überlebens willen Normen hervorbringen, die dennoch den Gemeinschaftsfrieden, das Zusammenleben aller und den Zusammenhang des Ganzen zu wahren vermochten. Die religiösen Bürgerkriege des 16. und 17. Jahrhunderts hatten drastisch vor Augen geführt, welche Folgen drohten, wenn ein friedlicher und toleranter Umgang mit den zur neuen Normalität gewordenen Unterschieden nicht möglich wäre.

Dieses prinzipielle Umdenken, ein grundlegender geistig-kultureller Paradigmenwechsel also und nicht die „westliche" Tradition selbst, die er revolutioniert hatte, ist der generative Kern der Kultur der Moderne. Er manifestiert sich in etwas in der Menschheitsgeschichte unerhört Neuem, nämlich individuellen Grundrechten für ausnahmslos alle Menschen, die sich seit dem 18. Jahrhundert bis in die Gegenwart hinein sukzessive entfalteten und in immer größeren Teilen der Welt Geltung erlangten, zunächst die bürgerlichen mit ihrem Kern der Glaubens- und Meinungsfreiheit, im 19. Jahrhundert die politischen als Keim der Demokratie, im 20. die sozialen als Loslösung der individuellen Freiheitsgarantie von Herkunft und Eigentum, ebenso wie die kulturellen als Antwort auf die kulturelle Heterogenität der modernen Gesellschaften. Die Grundrechtspakte der Vereinten Nationen von 1966, in denen sie historisch erstmalig in ihrer Gesamtheit völkerrechtliche Geltung erlangten, sind von 149 Staaten aus allen Kulturkreisen der Welt ratifiziert worden. Dies und der Prozess ihrer Erarbeitung unter Beteiligung von Vertretern aller Weltregionen sind eindrucksvolle Belege dafür, dass sie als regionale Spezialität des Westens schon faktisch gründlich missverstanden wären.

Kein Patent des „Westens"

Absurd ist auch die, zumeist aus der Perspektive vormoderner religiöser Kulturen vorgenommene, Gleichsetzung des sogenannten „westlichen Lebensstils" eines sinnverlassenen Konsumismus mit der „modernen Kultur". Diese ist ihrem Wesen nach darauf gerichtet, unterschiedlichen Überzeugungen vom Sinn des Lebens Raum zu geben, aber nicht die Frage nach dem Sinn selbst umstandslos zu den Akten der Geschichte zu legen. Sie hebt die jeweils besonderen religiösen und weltanschaulichen kulturellen Identitäten nicht auf, sondern schafft den Spielraum, in dem sie sich miteinander frei und ohne die Vormundschaft einer von ihnen über die anderen entfalten können. Die moderne Kultur ist in sich reflexiv, denn sie besinnt sich auf die Legitimität prinzipieller Unterschiede in der Fortschreibung überlieferter Deutungen gesellschaftlicher Ordnung, privater Lebensweisen und persönlicher Glaubensüberzeugungen, wenn einheitliche Antworten auf diese Lebensfragen sich nicht länger zwanglos ergeben. Sie ist eine Rahmenkultur für die Ermöglichung unterschiedlicher Lebensweisen und Weltsichten, aber nicht selbst eine besondere Lebensweise oder Glaubensüberzeugung. Im Maße, wie daher in den verschiedenen Kulturen und Gesellschaften der Welt die traditionelle Einheit der Überlieferung verloren geht und unterschiedliche Sichtweisen die Aktualisierung der Überlieferung bestimmen, gewinnen die Normen der modernen Kultur auch für sie aus ihren eigenen inneren Entwicklungsbedingungen heraus an Bedeutung. Das heißt freilich nicht, dass diese automatisch überall auf der Welt Geltung erlangen müsste, sobald die kulturelle Homogenität verloren geht. Aber sie wird in ihren grundlegenden Normen überall von innen her zu einem Schlüsselthema auf der kulturellen und politischen Tagesordnung.

Die moderne Kultur ist folglich kein Besitz oder Patent des Westens und auch nicht an die vorgängige Übernahme der Kultur des Westens gebunden, sondern ein weltgeschichtlich neues Orientierungsmuster für die wechselseitige Anerkennung unterschiedlicher Identitäten und Überzeugungen von Menschen, die auf diese Weise dennoch friedlich und gleichberechtigt zusammen leben können[10]. In diesem Sinne bewirkt die moderne Kultur, wo sie Geltung gewinnt, eine Art politischer Neutralisierung kultureller Unterschiede, ob religiöser, weltanschaulicher oder ethnischer Prägung, weil sie den unterschiedlichen Identitäten einen sicheren und anerkannten Freiraum der Selbstbehauptung gewährt, politische Herrschaftsansprüche aber für alle gleichermaßen ausschließt. Die Politisierung kultureller Unterschiede zur Sicherung des jeweils eigenen Handlungsspielraums durch eine Vormachtstellung verliert in diesem Rahmen ihren Sinn und ihre Rechtfertigung, seit die Kultur der Moderne einen besseren Weg des Umgangs mit ihnen geebnet hat. Das ist der Grundsatz der rechtsstaatlichen Säkularität. Wo aber der religiös oder weltanschaulich begründete Anspruch auf öffentliche Vormacht und staatliche Herr-

---

[10] Bielefeldt 2003

schaft weiterhin erhoben wird, wirkt er als Sprengsatz für das Zusammenleben und die wechselseitige Anerkennung der Verschiedenen. Das ist das Problem des Fundamentalismus. Der Prozess der Modernisierung führt zur Öffnung der kulturellen, sozialen und politischen Systeme der Gesellschaft für alternative Deutungen, Ordnungsentwürfe, Lebensweisen und Entwicklungswege. Er vollzog sich in den westlichen Gesellschaften aus innerer Dynamik, in vielen Entwicklungsgesellschaften zunächst durch äußeren Einfluss, wenn auch so gut wie nie ohne eine gleichzeitige synergetische Dynamik durch Modernisierungsbefürworter in ihrem Inneren. Überkommene Gewissheiten müssen sich durch Kritik und Alternativen in Frage stellen lassen. Die Offenheit für Alternativen wird in sämtlichen Bereichen des Denkens und Handelns prinzipiell. Die öffentliche Ordnung muss sich grundlegend wandeln, um den Verkehr und die Freiräume der konkurrierenden Orientierungen so zu regeln, dass die Integration der Gesellschaft als Ganzes möglich bleibt. Sie muss den produktiven Umgang mit Unterschieden lernen und auf Dauer organisieren.

Mit den Voraussetzungen für Freiheit und Selbstbestimmung schafft diese Freisetzung allerdings zugleich in historisch ungekanntem Ausmaß unvermeidliche Risiken des Orientierungsverlustes und des Sinndefizits, denn sie überlässt die Wahl von Orientierungsangeboten und Sinndeutungen den Einzelnen und Gruppen. Sie bringt für Individuum und Gesellschaft große Chancen selbstbestimmter Entwicklung, aber keine Garantien des Gelingens für die Ausbildung einer befriedigenden individuellen und kollektiven Identität. Die Tradition mit ihren überlieferten Orientierungsangeboten, Identifikationsmöglichkeiten und Statussicherheiten steht unter modernen Bedingungen darum fortwährend zur Disposition, niemals zwar in allen überlieferten Geltungsansprüchen zugleich, aber doch prinzipiell in einem jeden von ihnen, sobald neue soziale Entwicklungen ihn fragwürdig machen. Traditionen gelten nicht mehr aus sich selbst heraus, sondern nur noch im Maße ihrer aktuellen Überzeugungskraft. Die Ausbildung und Bewahrung individueller und kollektiver Identität wird unter diesen Bedingungen zu einer fortwährend in Frage gestellten Anstrengung. In diesem präzisen Sinne der unentwegten Nötigung zur Selbstprüfung gewinnt die Deutung ihren Sinn, dass die Moderne nicht nur ihre Krisen hat, sondern als solche in einem gewissen Sinne eine andauernde Krise ist.

Der fundamentalistische Moment

Das mit der Entfaltung der modernen Kultur überwunden geglaubte kulturelle Vormachtsstreben, das Politische der eigenen kulturellen Identität auf der Basis absolut gesetzter Gewissheitsansprüche und damit der Gegensatz zur kulturellen Identität der Anderen, erlebt nun seit den 1970er Jahren in nahezu allen Teilen der Welt eine ebenso unverhoffte wie machtvolle Renaissance[11]. Sie gewann aus dem Verlust der utopischen Energien des modernen Fortschrittsmodells, das mit dem Erwachen des Bewusstseins der Zerstörbarkeit der natürlichen Lebensvoraussetzungen der menschlichen Zivilisation in diesem Zeitraum weltweit an Glaubwürdigkeit einbüßte, einen starken Antrieb. Die existenzbedrohende Dimension der damals sichtbar werdenden Tendenz der westlichen Zivilisation zur ökologischen Selbstzerstörung verkehrte das bis dahin seit ihren Anfängen vorherrschende optimistische Fortschrittsbewusstsein in kurzer Zeit in eine pessimistische Grundstimmung der Zukunftsgefährdung. Sie verlor damit zugleich auch das für sie so kennzeichnende Überlegenheitsgefühl über die übrigen Zivilisationen der Welt. Ihre Anziehungs- und Ausstrahlungskraft erlitt einen herben Schlag.

Akut und für die Gesellschaften riskant wurden die Krisen der Moderne vor allem dadurch, dass sie in dieser Situation nicht nur wie seit ihren Anfängen für den abhängigen und unterentwickelten Teil der Welt das große Kompensationsversprechen nicht mehr einlösen konnte, ein beständiges Wachsen des Wohlstands und die gerechte Teilhabe aller an ihm zu schaffen. Dieses Versprechen wurde durch die Krise des Fortschrittsmodells nun auch für die Zentren des hochindustrialisierten Teils der Welt brüchig. Wo die Ablösung der Menschen aus den alten Geborgenheiten der traditionalistischen Gesellschaften nicht durch die Einlösung des Versprechens auf Wohlstand und Teilhabe kompensiert wird, sondern stattdessen zur kulturellen Verunsicherung die soziale und wirtschaftliche Unsicherheit oder gar der dauerhafte Ausschluss hinzu-

---

[11] Marty/Appleby 1993, Teheranian 1993:316, Tibi 1992

kommt, wächst die Bereitschaft, ganz anderen Versprechungen Glauben zu schenken.

Es kam hinzu, dass im selben Zeitraum der Kommunismus als Gegenmacht zum westlichen Zivilisationsmodell und als Verheißung einer großen, gerechteren Alternative für die von seinen Segnungen Ausgeschlossenen von der historischen Bildfläche verschwand. Auch dies verlieh dem Fundamentalismus als prinzipieller Kampfansage an die westliche Zivilisation vor allem in Ländern der Dritten Welt eine plötzliche Schubkraft. An die Stelle einer ehedem kommunistisch inspirierten Gegenbewegung gegen die Vormacht des ökonomisch dominanten „Westens" als Herold der modernen Kultur traten nun vielerorts religiös-fundamentalistisch geprägte Gegenbewegungen. Fundamentalismus wurde zur neuen, scheinbar allein noch Hoffnung stiftenden Widerstands-Identität[12].

Der Auftrieb und die kulturelle Allgegenwart des Fundamentalismus als einer neuen politischen Ideologie in der Krise des westlichen Fortschrittsmodells ist in einer umfassenden Überblicksstudie mit vierzehn empirischen Fallanalysen für sieben unterschiedlichen Kulturkreise aus fünf Kontinenten beschrieben und analysiert worden[13]. Diese Studie, maßgeblich jeweils von Wissenschaftlern aus den analysierten Kulturkreisen selbst mitgeprägt, hat gezeigt, dass der religiös-politische Fundamentalismus unter bestimmten Krisenbedingungen in allen Kulturen und auf allen gesellschaftlichen Entwicklungsstufen möglich ist. Fundamentalistische Aktivisten sind unter entgegenkommenden Bedingungen in allen Kulturkreisen in der Lage, nahezu alle markanten sprachlichen, religiösen, ethnischen und kulturellen Unterschiede in verfeindender Absicht zu politisieren und die mit ihnen verbundenen verschiedenartigen Gruppen-Identitäten um der eigenen kulturell-politischen Vormacht willen gegeneinander auszuspielen.

Fundamentalismus. Beschreibung des Phänomens

In einer ersten Annäherung lässt sich das für fast alle historischen Beobachter so überraschende Phänomen wie folgt beschreiben: Fundamen-

---
[12] Castells 1997
[13] Marty/Appleby 1991, 1993, 1995

talismus ist eine politische Ideologie des 20. Jahrhunderts, in der Regel mit ethisch-religiösem Anspruch. Er kombiniert auf widerspruchsvoll pragmatische Weise Elemente der späten Moderne mit Rückgriffen auf dogmatisierte Bestände vormoderner Traditionen, um die ihm missliebigen kulturellen Grundlagen der Moderne auf moderne Weise und mit modernen Mitteln umso wirkungsvoller bekämpfen zu können[14]. Er tritt auf als eine politische Ideologie, die in den Krisen von Modernisierungsprozessen eine zumeist religiöse, seltener weltanschaulich-profane Ethik politisch absolut setzt und entweder im ganzen oder in symbolisch aufgewerteten Grundfragen gegen alternative Ethiken und gegen die politischen Institutionen moderner Gesellschaften, vor allem die universellen Grundrechte und das Säkularitätsprinzip, für das Gemeinwesen verbindlich machen will. Er erhebt damit den Anspruch, die Ursachen der Krise zu erklären und einen Ausweg aus ihr zu weisen, dessen Erfolgsversprechen aus den absoluten Gewissheitsansprüchen abgeleitet wird, mit denen er ihn begründet. Fundamentalismus setzt einen von mehreren der in den jeweiligen Gesellschaften konkurrierenden ethischen Ordnungs- und Lebensentwürfen an die Stelle der Gemeinschaftsmoral, auf die sich alle, die in einem politischen Gemeinwesen zusammenleben, verständigen können, die einen je eigenen Freiraum für ihre unterschiedlichen ethischen Glaubenssysteme, Orientierungen und Lebensentwürfe beanspruchen. In diesem Sinne ist der fundamentalistische Zivilisationsstil im Kern die Verweigerung eines friedlichen, gewährenden und fairen Umgangs mit kulturellen Differenzen.

Diese sind unter der Bedingung des religiösen und weltanschaulichen Pluralismus, der den Prozess der Modernisierung von Anfang an begleitet hat, nur durch das Prinzip der rechtsstaatlichen Säkularität gewährleistet[15]. Der Staat muss die kulturelle Praxis der unterschiedlichen Religionen und Weltanschauungen neutral und gleichberechtigt gewährleisten, ohne selbst eine von ihnen als eigene Handlungslegitimation zu privilegieren. Der Philosoph Heiner Bielefeldt hat die mit diesem Prinzip häufig verbundenen Missverständnisse überzeugend geklärt. Rechtsstaatliche Säkularität bedeutet weder ein generelles Politikverbot für die Religionen – deren Vertreter können sich als Menschen und Bürger im Namen ihrer

---

[14] Vergl. Eisenstadt 1998
[15] Dazu und zum Folgenden Bielefeldt 2003

Fundamentalismus. Beschreibung des Phänomens

Religion nicht nur in der Lebenswelt, sondern ebenso in den politischen Räumen der Zivilgesellschaft, der Parteien und den Foren der Öffentlichkeit frei betätigen, solange sie nicht den Staat für ihre Zwecke in Dienst nehmen wollen, – noch darf der Staat selbst den Säkularismus seinerseits als offizielle Weltanschauung übernehmen und auf diesem Wege seine Neutralitätspflicht verletzen. Im Übrigen steht die verbreitete Gleichsetzung des rechtsstaatlichen Säkularitätsprinzips mit der Kultur des Westens in Widerspruch zu den universellen Grundrechten, da sie die Übernahme einer anderen Kultur zu dessen Voraussetzung macht[16]. Folglich zielt das moderne Gebot der rechtsstaatlichen Säkularität, im Gegensatz zu dem prinzipiellen Vorwurf, den die Fundamentalisten in der Regel erheben und zur Grundlage ihrer Angriffe machen, gerade nicht auf die Verbannung des religiösen Lebens aus Gesellschaft und Politik. Es verhindert vielmehr die Vorherrschaft einer Religion oder Weltanschauung über die anderen und erst recht über das staatliche Machtmonopol, damit jede von ihnen, soweit sie diesen Grundsatz respektiert, die gleiche Möglichkeit zur privaten und öffentlichen Selbstentfaltung gewinnt.

Fundamentalistisch ist im Gegensatz dazu eine ausschließlich vormachtorientierte Instrumentalisierung der eigenen religiösen oder weltanschaulichen Wahrheitsansprüche zur Herrschaft über alle anderen. Der Begriff der Instrumentalisierung schließt in diesem Verwendungszusammenhang nicht die Annahme ein, die betreffenden Akteure glaubten notwendigerweise selbst nicht an die religiösen oder weltanschaulichen Orientierungen, die sie ihre Machtansprüchen zugrunde legen, obgleich sich auch das in den politischen Arenen oft genug beobachten lässt. Er setzt auch keineswegs voraus, dass sich ein unbeteiligter und uniformierter Außenbeobachter, der selbst nicht Dialogpartner der intern umstrittenen kulturellen Deutungen innerhalb einer gegebenen weltanschaulichen oder religiösen Überlieferung ist, ein gültiges Urteil über richtig und falsch anmaßt[17]. Er zielt vielmehr auf zwei schwer bestreitbare Sachverhalte: zum einen auf die Asymmetrie, dass Fundamentalisten im Wettstreit der unterschiedlichen „internen" Deutungen einer gemeinsamen Überlieferung sich das Recht anmaßen, die für alle gültige Entscheidung zu treffen und sich über den argumentativ vorgetragenen Widerspruch ihrer Kon-

---

[16] Bielefeldt 2003:37-58
[17] So Bielefeldt 2003:59

kurrenten gegebenenfalls auch mit Zwangsmitteln hinwegzusetzen. Zum anderen soll er zum Ausdruck bringen, dass in staatsbürgerlichen oder selbst weltbürgerlichen Formen des Zusammenlebens von Menschen mit verschiedenen religiös-kulturellen Identitäten, seien diese im Hinblick auf die großen weltreligiösen Traditionen nun intrakulturell oder interkulturell bestimmt, kein Mensch ganz als Externer betrachtet werden kann, der über den politischen Gebrauch religiöser Überzeugungen Anderer nicht urteilen darf. Da alle dadurch in ihren Grundrechten betroffen sein können, steht allen auch ein Urteil darüber zu, dass der politische Gebrauch religiöser Überzeugungen im Einklang mit der Wahrung der Grundrechte aller anderen erfolgen muss. Alles andere käme einem Kulturrelativismus gleich, der von der fundamentalistischen Position nicht mehr zu unterscheiden wäre.

Der fundamentalistische Impuls

Trotz der tiefgreifenden inhaltlichen und formellen Unterschiede, die fundamentalistische Ideologien in den verschiedenen Kulturen und Gesellschaften der Welt aufweisen, eint sie alle eine gemeinsame Tiefenstruktur des „fundamentalistischen Impulses", dem sie entspringen[18]. Er erzeugt eine idealtypische Struktur, die den Fundamentalismus von den anderen großen Zivilisationsstilen, dem Traditionalismus und der Modernisierung, klar unterscheidet und die unterschiedlichen Fundamentalismen der Gegenwart einander im Stil ihres Umgangs mit kulturellen Differenzen ähnlicher macht als den jeweils konkurrierenden Zivilisationsstilen innerhalb ihrer eigenen Kultur. Dies ist der empirische Hauptbefund der vergleichenden kulturübergreifenden Forschungen.

Fundamentalismus erweist sich in seiner Theorie und in seiner Praxis als eine spezifische Form der selektiven kulturellen Gegenmodernisierung. Er ist in all seinen Formen grundsätzlich gegen das Prinzip der Offenheit und der Anerkennung von unterschiedlichen Verständnisweisen innerhalb und außerhalb der eigenen Kultur gerichtet, die den Kern der Moderne ausmachen und in den universellen Grundrechten ihren Ausdruck finden. So wie die Modernisierung selbst in den einzelnen Gesellschaften je nach kulturellen Traditionen und Entwicklungsniveaus unter-

---

[18] Marty/Appleby1991:817

schiedliche Formen annimmt, unterscheiden sich auch die fundamentalistischen Ideologien und Bewegungen, die sie hervorbringt. Der amerikanische Fundamentalismusforscher Martin E. Marty versteht daher „Fundamentalismus" als einen Familienbegriff im Sinne Wittgensteins. Alle Fundamentalismen teilen eine Reihe charakteristischer Merkmale ihres Denkens und Handelns, aber nicht alle genau dieselben. Im Falle der Familie des Fundamentalismus kann gleichwohl festgestellt werden, dass alle Mitglieder eine Reihe prägender Merkmale in auffälliger und eindeutiger Weise teilen. Auch wenn darum bei der Beschreibung und Beurteilung jedes einzelnen Fundamentalismus Unterscheidung geboten ist, sowohl im Hinblick auf die soziale und kulturelle Situation, in der er auftritt, wie auch im Hinblick auf seine Form, seine Handlungsweise und seine Ziele, so verkörpern sie alle doch in ausschlaggebendem Maße auf je eigene Weise denselben „idealtypischen fundamentalistischen Impuls".

Fundamentalismus als politische Ideologie und Bewegung ist der Versuch, den modernen Prozess der Öffnung und der Ungewissheit, sei es ganz, sei es in seinen zentralen Bereichen, umzukehren und die von seinen Verfechtern zur absoluten Gewissheit erklärte Variante der Weltdeutung, der Lebensführung, der Ethik, der sozialen Organisation zu Lasten aller Anderen verbindlich zu machen. Fundamentalismus als Produkt der Moderne will Ungewissheit und Offenheit überwinden, indem er eine der Deutungsalternativen im Rückgriff auf geheiligte Traditionen oder künstlich immunisierte Gewissheiten absolut setzt. Das darauf gestützte geschlossene System des Denkens und Handelns, das Unterschiede, Zweifel und Alternativen unterdrückt, soll nach dem Willen der Fundamentalisten an die Stelle der modernen Offenheit treten und damit Halt und Sicherheit, Orientierungsgewissheit, feste Identität und die Gewissheit der geglaubten Wahrheit aufs neue erzwingen und künftigem Wandel entziehen. Verunsicherung und Desorientierung, oft Verzweiflung sozialer Milieus gehören zu den psychosozialen Voraussetzungen, die einen Massenerfolg der politischen Instrumentalisierung kultureller Identität ermöglichen. Der Massenerfolg dieses auf Freund-Feind-Denken beruhenden und auf politische Herrschaft abzielenden Kampfs der Fundamentalisten hat darum stets zwei Seiten, die einander entsprechen, aber nicht von denselben Absichten getragen sein müssen: die Macht-Kalkulationen der Führer und die Bedürfnisse der Anhänger.

In seinen kämpferischen Formen dient dem modernen Fundamentalismus sein auf diese Weise immunisiertes Fundament als Legitimation für geistige, religiöse und politische Vormachts- oder Herrschaftsansprüche gegen die Abweichenden. In dem Maße, wie die geschlossenen Glaubenssysteme und Ordnungsentwürfe fundamentalistischer Prägung eine öffentliche Rolle übernehmen und Kritik, Alternativen, Zweifel und offene Dialoge über ihre Erkenntnisansprüche zwischen Gleichen ausschließen, stellen sie eine Rückkehr des Absoluten in die Politik dar. Das hat in der Regel die gänzliche, in entfalteten demokratischen Kulturen mitunter aber auch nur die selektive Missachtung von Menschenrechten, Pluralismus, Toleranz und Demokratie im Namen der einen Glaubenswahrheit zur Folge, der sich die Fundamentalisten jeweils kompromisslos verpflichten. Diesem Idealtypus des Fundamentalismus als einer kulturell-politischen Ideologie, wie er aus weltweiten empirischen Vergleichen in den 1990er Jahren gewonnen wurde, entsprechen die jeweiligen Fallbeispiele als Lehren beispielgebender Intellektueller oder als Ideologie, Organisationsform und Handlungsstrategie von Parteien, Verbänden, Gemeinschaften oder Bewegungen über alle Kulturgrenzen hinweg jeweils weitgehend[19].

---

[19] Marty/Appleby 1919-1996. In den 5 voluminösen Bänden dieser Edition sind die Ergebnis des interdisziplinär und interkulturell weitgespannten Forschungsteams der American Society of Arts and Sciences unter der Leitung des Chicagoer Religionswissenschaftler Martin E. Marty enthalten.

2 Spielarten des Fundamentalismus

Religiös-politischer Fundamentalismus

Höchst verschieden und doch gleich

Der Vergleich zahlreicher fundamentalistischer Bewegungen und Denkmuster in vielen ganz unterschiedlichen Kulturen hat gezeigt, dass ungeachtet aller Unvergleichbarkeiten in den inhaltlichen Fragen, in Form und Vorgehensweise Fundamentalismus überall demselben „idealtypischen Impuls" entspringt[20]. Die Manifestation dieses idealtypischen Impulses, die Variationen der Ähnlichkeit dieser über alle Kulturen der Welt verteilten Familie religiös-politischer Ideologiebildung finden sich in allen religiös bestimmten Kulturkreisen der Welt. Die groß angelegte Vergleichsstudie von Martin Marty und Scott R. Appleby hat dies im Einzelnen unter anderem für den buddhistischen, hinduistischen, christlichen, islamischen und jüdischen Kulturkreis an exemplarischen Einzelanalysen gezeigt[21]. Die Bewegungen und Gruppierungen, um die es dabei jeweils geht, sind aus unterschiedlichen Gründen immer im Wandel begriffen, sie lösen sich auf, verbinden sich mit anderen, gründen sich unter verändertem Namen oder verlieren ihren ehedem fundamentalistischen Charakter unter dem Einfluss der realen Gegebenheiten. Worauf es für das Verständnis der wesentlichen Eigenart des religiös-politischen Charakters fundamentalistischer Ideologien und Bewegungen ankommt, sind daher die strukturellen Merkmale, die ihn kennzeichnen und von anderen Formen des politischen Engagements religiöser Akteure oder des politischen Radikalismus unterscheiden.

Diese über alle kulturellen und gesellschaftlichen Grenzen hinweg verbindenden Merkmale zeigen sich exemplarisch an zwei Typen des Fundamentalismus in zwei gänzlich unterschiedlichen religiösen Kulturkreisen und zwei Gesellschaften auf extrem unterschiedlichen sozial-

---

[20] Marty/Appleby 1991:681
[21] Marty/Appleby 1991, 1993, 1995, 1996

ökonomischen Entwicklungsstufen, die in diesen beiden wichtigen Hinsichten nahezu den größtmöglichen Unterschied der äußeren Rahmenbedingungen verkörpern: dem christlichen Fundamentalismus in den USA und dem politischen Hindu-Fundamentalismus in Indien. Für den modernen Hindu-Fundamentalismus wird dabei auf die politisch-kulturelle indische Massenorganisation *Rashtriya Sewak Sangh* (RSS) sowie die beiden politischen Parteien *Shiv Sena* im Bundesstaat Maharashtra und *Bharatiya Janata Party* (BJP), die bundesweit agiert, Bezug genommen. Der Beschreibung des organisatorisch wesentlich diffuseren protestantischen Fundamentalismus in den USA liegen die großen Evangelisationskirchen mit ihren weitgespannten Netzwerken von *Jerry Falwell*, Lynchburg, Mitbegründer der *Moral Majority*, und *Pat Roberts*, Betreiber des *Christian Broadcasting Network* sowie die politischen Aktivitäten in deren Geist argumentierender Initiativen zugrunde, wie sie sich beispielhaft im Falle der Auseinandersetzungen um den Biologieunterricht an Schulen und um die Abtreibungskliniken engagierten[22].

Den Anspruch, die einzigen authentischen Sprecher ihrer Religion zu sein, erheben beide, der Hindu-Fundamentalismus ebenso wie der protestantische. Die Legitimation zum Widerstand gegen geltende Gesetze oder Gerichtsbeschlüsse in Fragen, die ihren religiös bestimmten Überzeugungen widersprechen, beziehen beide aus der unanfechtbaren Autorität ihrer religiösen Selbstgewissheit auf der einen Seite und vermeintlichen Verletzungen der wahren religiösen Grundlagen der für ihr Land auf immer gültigen religiös bestimmten Kultur. Die protestantischen Fundamentalisten in den USA pochen auf ihr Recht, im Falle der Illegalisierung des Schulgebetes und eines Biologieunterrichts auf der Basis der Evolutionstheorie demokratischen Mehrheitsentscheidungen und Gerichtsurteilen den Gehorsam zu verweigern, Abtreibungen auf gesetzlicher Grundlage sogar durch gewaltsame Übergriffe zu verhindern. Die Hindu-Fundamentalisten haben diesen Anspruch erstmals 1992 exemplarisch für die Wiedererrichtung des alten Hindu-Tempels in Ayodhya auf dem Terrain einer zu diesem Zwecke niederzureißenden Moschee aus dem 16. Jahrhundert erhoben und gleichzeitig kundgetan, dass sie sich weitere Aktio-

---

[22] Für den Hindu-Fundamentalismus vergl. Chandra 1987, Voll 1989, Elst 1991; für den protestantischen Fundamentalismus in den USA: Riesebrodt 1987, 1990, Diamond 1998, Harris 1998, Prätorius 2003.

nen mit derselben Zielsetzung immer vorbehalten. Sie haben, trotz entgegenstehender Gerichtsurteile in den späten 1990er Jahren, mehrfach große Teile der Babri Masjid Moschee gewaltsam niedergerissen. Auch der Mörder Mahatma Gandhis, Nathuram Godse, handelte als Mitglied der RSS in diesem Geist.

In beiden Fällen wird aus dem überlegenen Vorrecht der eigenen Religionsauffassung das Ansinnen begründet, in Kernfragen des Gemeinschaftslebens die eigene Gruppenethik zur verbindlichen Moral für das ganze Gemeinwesen zu erheben und es mit allen Mittel durchzusetzen, einschließlich der Missachtung der Grundrechte Anderer und der demokratischen Entscheidungsregeln, wo immer es für nötig befunden wird. Das Prinzip der rechtsstaatlichen Säkularität, das in den beiden liberalen Demokratien Indien und USA Verfassungsrang hat, wird zwar nicht auf ganzer Front, aber jeweils nach eigenem Gutdünken selektiv zugunsten eines religiös begründeten souveränen Legitimationsanspruchs gebrochen. Beide teilen die unbeirrbare Gewissheit, mit der unanfechtbaren Überlieferung der einzigen religiösen Wahrheit die bessere und verbindliche Identität der eigenen Gesellschaft zu hüten. Andere Lesarten derselben Religion oder Weltanschauung im eigenen Lande gelten ihnen als abtrünnig.

Während die protestantischen Fundamentalisten in den USA den Wortlaut der Bibeltexte heiligen, verfügen die Hindus über keine für alle verbindliche schriftliche Überlieferung, noch nicht einmal über wohldefinierte Dogmen, die für alle Gläubigen gelten. Die Hindu-Fundamentalisten machen angesichts dieser Lage denn auch keinen Versuch der Heiligung von Texten oder der Einführung einer spezifisch hinduistisch-religiösen Gesetzgebung aus sakrosankten Quellen. Sie berufen sich zur Kennung von Freund und Feind, Rechtgläubigen und Abtrünnigen auf symbolische Ereignisse der religiös-kulturellen Überlieferung, etwa die mythologische Herrschaft des im heiligen Epos Ramayana beschriebenen Hindu-Königs Rama, und untermauern diese durch dogmatisierte Deutungen dessen, was sie für gegenwärtiges Handeln zu bedeuten haben.

Fundamentalisten in ihrer Umwelt

Während die protestantischen Fundamentalisten in den USA stets die allerneuesten Produkte der modernen Kommunikationstechnologie nutzen, von eigenen Fernsehstationen bis zum direct-mailing, um ihre Botschaft zu verbreiten, haben die Hindu-Fundamentalisten eine Vorliebe für vormoderne Kommunikationsweisen, etwa symbolische Umzüge von Dorf zu Dorf oder Massenversammlungen in Stadt und Land. Diese sind im kulturellen Kontext ihres Handelns jedoch besonders wirkungsvoll, weil sie an geschätzte Traditionen erinnern. Während die protestantischen Fundamentalisten der USA auf die Programme der bestehenden Parteien und die Auswahl ihrer Kandidaten für die politischen Führungsämter massiv und zielstrebig Einfluss nehmen, um an der politischen Macht teilzuhaben, aber keinerlei Anstalten machen, sich selbst als Partei zu organisieren, verfügen die Hindu-Fundamentalisten in Indien über zwei eigene Parteien, Shiv Sena und BJP (Indische Volkspartei). Beide gelangten in einzelnen Bundesstaaten des Subkontinents durch Wahlerfolge zur Macht, die BJP führte von 1998 bis 2004 die indische Bundesregierung.

In beiden Ländern verfechten die Fundamentalisten ihre Authentizitäts- und Gewissheitsansprüche gegen zahlenmäßig weit stärkere Gruppen, die dieselbe religiöse und kulturelle Überlieferung traditionalistisch oder liberal auslegen und andere Vorstellungen vom Gemeinwesen hegen, sowie gegen zahlreiche große Gruppen von Vertretern anderer Religionen. In Indien richten sich die Bestrebungen der Fundamentalisten vorrangig gegen andere Religionen, in den USA werden diese teils bekämpft, teils ignoriert. Bezeichnender Weise kooperieren Teile des protestantischen Fundamentalismus der USA mit Gruppen des jüdischen Siedlerfundamentalismus in Israel.

Fundamentalismus ist in beiden Fällen eine Form systematisch verzerrter Kommunikation. Offene Dialoge, also symmetrische Kommunikation, setzen voraus, dass im Verständnis der Beteiligten gleichermaßen anerkannte zurechnungsfähige Partner über unterschiedliche Meinungen, Interessen, Konzepte, Interpretationen von Überlieferungen, die Bedeutung von Texten und Lesarten von Traditionen Verständigung suchen. Alle Seiten stimmen in diesem Fall darin überein, dass keine von ihnen über einen unmittelbaren Zugang zu einer letztgültigen Erkenntnisgewissheit verfügt, in deren Licht die einen, die über sie verfügen, a priori im Namen aller für alle verbindlich entscheiden könnten. Die Prinzipien des Dialogs, der Menschenrechte und der Demokratie sind mit divergenten Wahrheitsansprüchen verträglich, die alle kooperativ verfolgen, nur eben nicht mit Gewissheitsansprüchen, die von einer Seite im Namen aller und für alle Anderen geltend gemacht werden können.

Politischer Fundamentalismus beruht in beiden Fällen auf intellektuellem Dogmatismus. Er kann weder in Indien noch in den USA den Anspruch erheben, das eigentliche Wesen der religiös-kulturellen Tradition des Landes zu verkörpern, da er in Konkurrenz zu mehreren solide begründeten Interpretationen der Überlieferung steht, die zudem über eine größere Anhängerschaft verfügen und mit den politisch-rechtlichen Institutionen ihres Landes, die aus diesen Traditionen historisch hervor gegangen sind, besser im Einklang stehen. In beiden Fällen erweist sich der religiös-politische Fundamentalismus als ein besonderer Zivilisationsstil, der die Überlieferungen der religiösen Kultur des Landes in Konkurrenz zu anderen Zivilisationsstilen innerhalb derselben Kultur auslegt und in einer besonderen Praxis verkörpert. Es ist eines seiner besonderen Kennzeichen, dass er die Intoleranz gegenüber den Anderen zum Prinzip erhebt und der Religion, Lebensweise und politischen Vorstellungswelt der Anderen die Legitimität abstreitet. Er strebt je nach den gegeben Kräfteverhältnissen nach deren Unterwerfung oder Ausschaltung oder der vollständigen Abgrenzung von ihnen.

Fundamentalisten im säkularen Rechtsstaat

Für den Hindu-Fundamentalismus in Indien und den protestantischen Fundamentalismus der USA ist es gleichermaßen kennzeichnend, dass beide den großen Rahmen der etablierten demokratisch-rechtsstaatlichen Institutionen nicht generell in Frage stellen. Sie handeln weitgehend innerhalb seiner Grenzen, maßen sich aber, wie die dargestellten Beispiele illustrieren, eine Wächterrolle darüber an, wo der Staat nach ihrer Auffassung die religiös gebotenen Schranken seiner Handlungskompetenz überschreitet und sie selbst daher zum Widerstand dagegen und gegebenenfalls auch gegen das Urteil in dieser Sache angerufener Gerichte nicht nur befugt, sondern geradezu verpflichtet sind. Sie akzeptieren daher den demokratischen Rechtsstaat nur unter Vorbehalt.

Der Hindu-Fundamentalismus ist bestrebt, im Rahmen der Mitgliedschaft in der RSS die gesamte Existenz seiner aktiven Anhänger in kulturellen, paramilitärischen, religiösen und politischen Lebensformen zu umfassen, zu prägen, zu uniformieren und zu kontrollieren. Die großen Netzwerke des protestantischen Fundamentalismus in den USA haben nahezu alles umfassende Parallelgesellschaften als Netzwerksysteme errichtet, die ihre Anhänger nicht verlassen müssen: vom Kindergarten und den verschiedenen Schulstufen, über das College und die Universität bis hin zu in eigenen Verlagen erscheinenden Büchern und die allumfassenden Kommunikationsangebote der netzwerkeigenen Fernseh- und Radiostationen sowie Videounterhaltung und Themenparks.

Für die präzise Bestimmung des Fundamentalismus ist es entscheidend, das illiberale Missverständnis zu vermeiden, es sei den Bekennern einer Religion verwehrt, sich aus religiöser Motivation und mit religiösen Zielsetzungen an den politischen Prozessen rechtsstaatlicher Demokratie zu beteiligen[23]. Aus diesem Grund ist auch die Formulierung irreführend, beim Fundamentalismus handele es sich um eine „politisierte Religion" oder einen religiös motivierten „politischen Radikalismus". Beide Formen des politischen Engagements in allen Bereichen des öffentlichen Lebens sind nämlich solange durchaus legitim, wie sie nicht dazu übergehen, den politischen Meinungs- und Willensbildungsprozess mit Hinweis auf ihre überlegenen Legitimationsansprüche aus den Quellen ihrer religiösen oder weltanschaulichen Gewissheiten monopolisieren oder ersetzen zu wollen. Erst wo diese stets klar erkennbare Grenze, sei es partiell, sei es auf breiter Front, überschritten wird, beginnt das Feld des Fundamentalismus als politische Ideologie auf religiöser oder weltanschaulicher Grundlage.

Angesichts der Klarheit des Gesamtzusammenhangs der Kriterien für weltanschaulichen oder religiösen Fundamentalismus als politische Ideologie und der breiten, empirisch überaus gehaltvollen Forschung, entbehrt das Urteil mittlerweile jeder Grundlage, es sei noch nicht erwiesen, ob der Fundamentalismusbegriff zu mehr tauge als zur Polemik[24]. Er ist

---

[23] Vergl. dazu Bielefeldt 2003:37 ff.
[24] Lehmann 2004

vielmehr für die Abgrenzung zwischen den rechtsstaatlich legitimen und illegitimen Formen des politischen Engagements im Namen von Religionen oder Weltanschauungen unverzichtbar. Dies zeigt in idealtypischer Weise der islamische Fundamentalismus an der Macht.

Islamischer Fundamentalismus an der Macht

Die Legitimationsquellen

Der islamische Fundamentalismus in schiitischer Ausprägung hat in seiner von Ayatollah Ruhollah Khomeini vertretenen Form 1979 im Iran in einer exemplarischen Weise die Macht im Staate ergriffen und dessen Institutionen nach seinen Vorstellungen Schritt für Schritt umgestaltet[25]. Eine wenig bekannte Tatsache in diesem Zusammenhang ist, dass die Benutzung des Islam als politische Herrschaftsideologie nicht nur im größeren Teil der islamischen Welt, sondern sogar von der Mehrheit der traditionalistischen Geistlichen im Iran selbst strikt angelehnt wird. Daher ist auch die Auffassung unhaltbar, die islamistische Revolution im Iran von 1979 als logische Konsequenz des neu erwachten islamischen Selbstbewusstseins seit den 1970er Jahren zu sehen. Tatsächlich hat eine Minderheits-Gruppe fundamentalistischer Geistlicher mit politischen Herrschaftsambitionen in Koalition mit geistesverwandten Politikern im Lande die Herrschaft übernommen und gegen den Einspruch einiger der namhaftesten islamischen Geistlichen Institutionen geschaffen, die ihre diktatorische Minderheitsherrschaft seither erfolgreich abzusichern vermochten. Sie konnten dabei zu keinem Zeitpunkt den Anspruch erheben, im Namen der gesamten schiitisch-islamischen Gemeinschaft des Landes zu herrschen.

Die Auffassung, der Islam sei eine untrennbare Doktrin für Religion und Staat (*wa din wa daula*) ist zwar nicht im Text des Koran selbst verankert, sondern wurde wie die meisten der rechtlichen und politischen Konsequenzen dieser Tradition, aber auch solche der persönlichen Lebensführung der Gläubigen und der Stellung der Religion im öffentlichen Leben, erst im Laufe seiner Geschichte von Rechtsgelehrten entwickelt,

---

[25] Vergl. zum Folgenden Keddie/Richard 2006, Dabashi 2006

die zu verschiedenen Zeiten unterschiedliche Deutungen vertraten und in der Gegenwart hochgradig verschiedenartige Auffassungen in nahezu allen relevanten Fragen hegen[26]. Dabei nutzen sie das Leben des Propheten als religiösem Führer und Kriegsherrn, den Koran und Analogieschlüsse daraus auf die eigene Erfahrung als Quellen. Der Islam war schon früh von mehreren tiefgehenden und weitreichenden Spaltungen gekennzeichnet – Schiismus und Sunnismus, die vier großen Rechtsschulen, zahlreiche Sekten, Sufismus –, die schon mit dem Tode Mohammeds ihren Anfang nahmen und seither in zunehmendem Maße die religiösen Doktrinen, die Formen der Lebenspraxis, das Rechts- und Staatsverständnis und die vorherrschenden Zivilisationsstile in der islamischen Welt von Marokko bis Indonesien geprägt haben. Der Islam stellt sich in jedem regional-kulturellen Kontext und in jedem der konkurrierenden Zivilisationsstile seiner aktuellen Auslegung infolgedessen anders dar.

Seit der Expedition des napoleonischen Heeres nach Ägypten war die islamische Welt im 19. Jahrhundert verstärkt Kontakten mit einer in technischer, wirtschaftlicher und politischer Hinsicht als weit überlegen erfahrenen westlichen Kultur ausgesetzt. Der damit ausgelöste Schock ist einer der tieferen Gründe für die Entstehung eines islamischen Fundamentalismus in den 1920er Jahren, der in dieser Gründungsphase vor allem in den in ihrer Nachwirkung noch heute einflussreichen theologisch-politischen Intellektuellen *Hasan al Banna* und *Sayyid Ibn Qutb* seine Verkörperung fand[27]. Da im Islam bis dahin die Überlegenheit der eigenen Zivilisation immer als der schlagende Beweis für die Wahrheit der ihr zugrunde liegenden Religion gedeutet worden war, hat dieser Schock der Erfahrung eklatanter Unterlegenheit und Kränkung radikale Versuche einer Neubestimmung der religiösen Überlieferung ausgelöst. Seither sind die Bestrebungen innerhalb des Islam, sich auf die eigene Religion und ihre Konsequenzen für Gesellschaft, Kultur und Politik neu zu besinnen, nicht mehr zur Ruhe gekommen[28].

Einflussreich waren Bestrebungen seit der zweiten Hälfte des 19. Jahrhunderts, den Islam und seine gesellschaftliche und politische Rolle im Lichte der Aufklärung der westlichen Kultur neu zu interpretieren.

---

[26] Shabestari 2003
[27] Vergl. Krämer 2010
[28] Ende/Steinbach 1984

Der Zerfall des Osmanischen Reiches im Ersten Weltkrieg hatte dem islamischen Konzept einer Gemeinschaft aller Gläubigen ein Ende gesetzt. Die aus Europa übernommene Idee des Nationalstaates gewann nun überall in der islamischen Welt Bedeutung. Die meisten islamischen Staaten schufen Verfassungen, die aus spezifischen Kombinationen des europäischen Staatsverständnisses einerseits und Elementen aus der islamischen Tradition andererseits bestanden, einschließlich eines gewissen Maßes an Gewaltenteilung, Begrenzung der öffentlichen Rolle der Religion und des islamischen Rechtsgesetzes sowie der Einrichtung von Parlamenten, wenn auch ohne volle demokratische oder rechtsstaatliche Legitimation. Ein ausgebautes Grundrechtssystem ist den meisten Verfassungen der Länder mit überwiegend islamisch geprägten Gesellschaften lange fremd geblieben, erst in jüngerer Zeit beginnt es sich exemplarisch in Ländern wie der Türkei und Indonesien Bahn zu brechen.

Gleichwohl wurde im Bereich des öffentlichen Rechts in den islamischen Staaten mit wenigen Ausnahmen der moderne Einfluss prägend[29]. Das islamische Rechtsgesetz, die Scharia, beschränkte sich zumeist auf die Regelung des Erb- und Familienrechts, Zivilgesetzbücher hingegen waren an Normen des europäischen Rechts orientiert. Religiöse Minderheiten hatten fast überall einen geschützten Status, wenn auch keinen gleichberechtigten Rang. In diesem Rahmen war schon im Jahre 1928 in Ägypten die Muslimbruderschaft von dem bis heute im islamischen Fundamentalismus verehrten Hasan al-Banna gegründet worden. Ihr einflussreichster Theoretiker Sayyid Ibn Qutb sah die Selbstbehauptung des Islam gegen den Westen nur in einer konsequenten Rückkehr zu einem rigiden Verständnis seiner Inhalte, Botschaften und seiner beherrschenden Bedeutung für das ganze öffentliche Leben, letztlich einer islamischen Theokratie gewährleistet[30]. Sie wurde zur Keimzelle und in gewisser Weise auch zum Modell des modernen Fundamentalismus. Darauf bauten die ebenfalls bis heute im islamischen Fundamentalismus Richtung weisenden Schriften des indisch-pakistanischen Sunniten *Sayyid Abul Ala Maududi* (1903-1979) auf, die ein flammendes Plädoyer für die islamische Theokratie als einziger Weg der Befreiung von der kolonialen Unterwerfung enthalten. Nach den kränkenden Krisenerfahrungen der

---

[29] Ende/Steinbach 1984
[30] Qutb 1992

1970er Jahre hat der Fundamentalismus dann fast überall in der islamischen Welt Auftrieb bekommen. Er stützt sich in der Nachfolge von Qutb und Maududi auf Elemente der islamischen Tradition und spitzt sie zu einer eigentümlich geschlossenen politischen Ideologie zu. Er nahm als „Revolte gegen den Westen"[31] seinen Anfang und konnte seine Basis in dem Maße verbreitern und radikalisieren, wie Erfahrungen der Kränkung und Unterlegenheit, der sozialen und ökonomischen Hoffnungslosigkeit, der nationalstaatlichen Zersplitterung und der widerspruchsvollen Modernisierung die Gesellschaften in großen Teilen der islamischen Welt erschütterten und zwischen Tradition und Modernisierung aufrieben.

Wie die vergleichbaren politisch-religiösen Strömungen in den anderen Weltreligionen ist auch der islamische Fundamentalismus ein auf charakteristische Weise selektiver Anti-Modernismus. Er strebt nach der Übernahme zentraler Errungenschaften der modernen Kultur, insbesondere in Bereichen der Wissenschaft, der Waffentechnologie, der Kommunikation und der modernen Technik. Zugleich will er aber die kulturell-politischen Grundnormen der Moderne, insbesondere Pluralismus, Toleranz, Individualismus, Grundrechte und Demokratie außer Kraft setzen und durch die geschlossene Form einer alle Lebensbereiche umfassenden politischen Ideologie auf dem Boden absolut gesetzter dogmatisierter Religionsbestände ersetzen. Im Mittelpunkt steht dabei stets die Scharia, als religiös begründetes Rechtssystem, und die Herrschaft ausgewiesener Religionsführer als Legitimationsgrundlage staatlicher Macht. Insofern ist auch der islamische Fundamentalismus einerseits ein Produkt der Moderne, denn er reagiert auf seine Weise auf deren Widersprüche. Er will einerseits die technisch-wissenschaftlichen Errungenschaften übernehmen, denen er die gegenwärtige Überlegenheit des Westens zuschreibt, gleichzeitig bekämpft er die Grundnormen der modernen Kultur kompromisslos, die sie hervorgebracht hat. Er erweist sich in diesem Sinne als eine Art moderner Anti-Moderne[32].

Der islamische Fundamentalismus als politische Ideologie greift zurück auf ältere, zumeist mittelalterliche Traditionsbestände des Koranverständnisses und versucht sie gegen jede modernisierende Deutung zu immunisieren. Er glaubt, wie alle Varianten des Fundamentalismus, die

---

[31] Tibi 1992
[32] Vergl. Eisenstadt 1998

unvermeidlich hermeneutische Situation einer stets durch Gegenwartsbedingungen mitbestimmten Auslegung der überlieferten Quellen zugunsten eines unmittelbaren und absolut gewissen Verständnisses, sozusagen gereinigt von allen Spuren bloßer Interpretation, überspringen zu können. Er setzt die Scharia, die sich selbst nicht im Koran findet, sondern ein Produkt islamischer Rechtsgelehrter des frühen Mittelalters ist, als eine unmittelbar religiös geheiligte Grundnorm für die öffentliche Sittlichkeit und das gesellschaftliche Recht in den Rang einer eindeutig offenbarten Wahrheit und entzieht sie damit dem Wandel und der Angleichung an die gesellschaftlichen Entwicklungen der Gegenwart. In Rückgriff auf die Lehre des Propheten Mohammed und einer Reihe seiner Nachfolger in religiöser, politischer und militärischer Führerschaft – die aus den Umständen ihrer Zeit entwickelt wurde – legen die Fundamentalisten die unmittelbare Einheit von offenbarter religiöser Wahrheit, gesellschaftlichen Rechtsnormen und politischer Herrschaft dogmatisch fest. Sie wird verkörpert und vollzogen durch einen berufenen religiösen Führer, der religiöse Hingabe, rechtswissenschaftliche und theologische Gelehrsamkeit und entschlossenen politischen Führungswillen in seiner Person vereinigt[33].

Die iranische Revolution als Modell

Das wichtigste Merkmal des islamischen Fundamentalismus ist, wie bei den anderen Formen des Fundamentalismus auch, der Anspruch der absoluten Verbindlichkeit für seine besondere Interpretation von Religion, Rechtsverständnis und politischen Ordnungsvorstellungen[34]. Er leitet daraus sein Recht und seine Pflicht zur notfalls mit Gewalt durchzusetzenden Vormundschaft und Herrschaft auch über die Individuen und Gruppen ab, die innerhalb der eigenen religiösen und kulturellen Traditionen andere Deutungen der Überlieferung für sich in Anspruch nehmen wollen. Für das Verständnis des entscheidenden Unterschieds zwischen dem Islam als Religion und dem religiös-politischen Fundamentalismus (Islamismus) ist das Faktum von Bedeutung, dass selbst im fundamenta-

---

[33] Mit zahlreichen Differenzierungen dieses Konzepts bei den einzelnen Autoren.
[34] Dabashi 2006

listisch beherrschten Iran die Mehrheit der religiösen Führer (Ajatollahs und Großajatollahs) dieser Deutung des Islam stets widersprochen hat.

Die Grundlegung einer solchen religiös-politischen Ideologie, ihre Umsetzung in die Praxis und ihre Handhabung gegen Widerstrebende haben Khomeini und seine Anhänger im Iran in den Jahren nach der Niederwerfung des Schahregimes durch eine breite Oppositionsbewegung, in der anfänglich vielfältige Vorstellungen von Reformen in Religion, Wirtschaft, Staat und Gesellschaft konkurrierten, auf exemplarische Weise demonstriert[35]. Es war nicht die Sehnsucht nach einem „Gottesstaat" fundamentalistischer Prägung, was die Konsensgrundlage des Widerstandes großer Teile der iranischen Bevölkerung gegen das Schahregime Ende der 1970er Jahre gebildet hatte. Obgleich der schiitische Islam in diesem Widerstandskampf immer eine stark motivierende Rolle gespielt hatte, erscheint die Art, wie dessen fundamentalistische Variante 1979 letzten Endes gegen vielfältigen Widerspruch gerade auch aus religiösen Kreisen politisch triumphierte, als ein Modellfall islamistischer Machtpolitik. Der Iran war durch die übereilte und rücksichtslose, in erheblichem Maße von außen – vor allem durch die USA – mit gesteuerte Modernisierung, die unter der Herrschaft von Schah Mohammed Reza Pahlevi seit dessen Machtübernahme 1953 stattgefunden hatte, in eine sich mit der Zeit vertiefende soziale, kulturelle und wirtschaftliche Krise geraten. Unter der aktiven und von der Zustimmung der Bevölkerung weitgehend losgelösten Führungsrolle des Schahs und einer kleinen Modernisierungselite wurde das Land in den 60er und 70er Jahren einer hektischen industriellen und kulturellen Modernisierung zugleich unterzogen, die auf die eingelebten sozialen und kulturellen Traditionen kaum Rücksicht nahm. Gleichzeitig konnte sie ihre eigenen Versprechen hinsichtlich der Schaffung von Arbeitsplätzen sowie besserer sozialer und ökonomischer Entwicklungsperspektiven für die große Bevölkerung nicht einlösen. Der ökonomisch prosperierende Teil der Mittelschicht blieb politisch unmündig.

Seit der Mitte der 70er Jahre zeigte es sich, dass die überstürzte Industrialisierung erhebliche Teile der Bevölkerung in ihrer ökonomischen Existenzgrundlage gefährdete. Die gesellschaftlich höchst einflussreichen Klein- und Großhändler des Basars von Teheran sahen sich in ihrer sozia-

---

[35] Vergl. Fooladvand 1998, Keddie/Richard 2006

len und wirtschaftlichen Position bedroht. Als Folge der von oben durchgeführten „weißen Revolution" in der Landwirtschaft in den 60er Jahren wuchs die Zahl der Landflüchtigen in den riesigen Slums von Teheran ständig an, die in den 70er Jahren den Nährboden für fundamentalistische Agitation bildeten. Erst die Konflikte, die sich aus diesen überhasteten, rücksichtslosen und krisenhaften Versuchen einer Modernisierung des Landes von oben ergaben, verbunden mit einem wachsenden Misstrauen der Bevölkerung in die politische Elite des Landes, haben dazu geführt, dass ein Teil der traditionalistischen islamischen Milieus in den Städten die fundamentalistische Option übernahm und der Errichtung einer religiös begründeten neuen Ordnung im Lande, nach den damals bekannten Vorstellungen Khomeinis, der Boden bereitet wurde[36].

Khomeini konnte sich mit der zunächst nur vagen Vorstellung einer „Islamischen Republik" an die Spitze einer sehr viel breiter angelegten Oppositionsbewegung gegen den Schah setzen. Nach dem Sturz der Monarchie bestimmte er dann bald allein das weitere Geschehen. Er war 1964 aus dem Iran verbannt worden und lange Zeit innerhalb des anwachsenden iranischen Widerstandes ohne entscheidenden Einfluss. Seine bereits 1970 im irakischen Exil veröffentlichten Vorstellungen über eine Herrschaft der Gottesgelehrten als Staatsmodell für den Iran blieben lange ohne öffentliche Resonanz[37]. Selbst nach der Vertreibung des Schahs und dem Sieg der Opposition in der Revolution von 1979 vollzog Khomeini ohne öffentliche Klärung seiner eigentlichen Vorstellungen deren politische Umsetzung Schritt um Schritt mit größter Konsequenz und schuf jeweils vollendete Tatsachen, notfalls mit dem Mittel brutaler Repression, gerade auch gegen schiitische Geistliche, die sich seinem politischen Fundamentalismus widersetzten.

Im Iran herrscht der schiitische Zweig des Islam vor, der innerhalb der islamischen Welt mit etwa zehn Prozent die kleinere der beiden Hauptgruppen (Sunna und Schia) bildet. Der Name dieser Richtung Schia bedeutet im Arabischen „Partei", „Anhängerschaft". Er bezeichnet die Partei derer, die in Ali Ibn Abu Talib, dem Vetter und Schwiegersohn des Propheten Mohammed, und dessen Nachkommen die allein legitimen Nachfolger (Imame) des Propheten sehen. Im Gegensatz dazu wird die

---

[36] Riesebrodt 1990
[37] Khomeini 1970

Glaubensgrundlage der Sunniten – von arabisch sunna „Satzung" – durch den Koran, die Sunna, das heißt die Gesamtheit der überlieferten Aussprüche, Entscheidungen und Verhaltensweisen des Propheten, und die übereinstimmenden Meinungen der vier ersten Nachfolger Mohammeds, der Kalifen, gebildet. Die Schiiten verweigerten den nachfolgenden Kalifen die Gefolgschaft. Stattdessen warten sie auf Erlösung durch die Rückkehr des zwölften Imam, der nach der Lehre der Imamiten, der größten schiitischen Gruppe, seit 873 in der Verborgenheit darauf wartet, eines Tages als Mahdi, als Welt- und Glaubenserneuerer, wiederzukehren, um in der Stunde der größten Verwirrung als Herr eines islamischen Weltreichs Legitimität, Ordnung und Rechtgläubigkeit neu zu begründen.

Die Errichtung einer modernen Theokratie

Mit Geschick, Entschlossenheit und Charisma war es Khomeini im Verlauf der 1970er Jahre gelungen, die Führung der Opposition zu übernehmen, als der Unmut gegen die gescheiterten Modernisierungsversuche des Schahs wachsende Bevölkerungsschichten ergriff, die nun erneut im Islam die bessere Perspektive für ihre soziale und persönliche Anerkennung sowie ihre wirtschaftliche und politische Zukunft sahen[38]. In den Augen vieler seiner Gefolgsleute erschien er sogar als Vertreter des verborgenen Imam und konnte so die Verheißung von dessen Wiederkehr für sich und sein fundamentalistisches Projekt nutzen. Mit seiner zweigeteilten Erfolgsstrategie, einerseits neueste Technik für seine Kampagnen zu nutzen und durch die landesweite Verteilung von Tonbändern sein Charisma wirken zu lassen, aber andererseits die politischen und kulturellen Normen der Modernisierung kompromisslos zu bekämpfen, verkörpert Khomeini in beispielhafter Weise den religiös-politischen Fundamentalismus. Im Verlauf der iranischen Revolution nutzte er seine religiöse Autorität, seine populistische Ausstrahlung und den lange von ihm gepflegten Anschein, dass es ihm allein um die Überwindung der Diktatur des Schahs und nicht um die politische Macht ginge, um Zug um Zug alle nichtfundamentalistischen Gegner und Konkurrenten auszuschalten. Zunächst verdeckt, später offen, trieb er ab 1980 die Re-Islamisierung des öffentlichen und privaten Lebens im Iran voran und errichtete schließlich

---

[38] Vergl. Fooladvand 1998, Keddie/Richard 2006

eine absolute Theokratie, die in dieser Form niemals im Lande zur Diskussion gestanden hatte und auch keine Mehrheitsunterstützung genoss. Diese Re-Islamisierung von Kultur, Gesellschaft und Staat, die zielstrebig jeglicher freien öffentlichen Debatte, erst recht jeder Opposition sehr rasch die Grundlage entzog, begann mit der Verbannung aller „unmoralischen" Kräfte und Produkte aus Presse, Rundfunk, Fernsehen und Kinos. Gefolgsleute übernahmen die Einflusspositionen, missliebige Journalisten und Kulturschaffende wurden entlassen und verfolgt. Im Namen des Islam wurde die Demokratie als Teil des korrupten westlichen Wertesystems zuerst öffentlich in Misskredit gebracht, dann als Verrat am wahren Islam gebrandmarkt; ihre Befürworter wurden damit zu Glaubensverrätern gestempelt. Khomeinis theologischer Haupt-Kontrahent in der Revolutionsphase, Ajatollah *Mahmud Taleghani*, verkörperte die Alternative eines politischen Islam, der in der Verwirklichung demokratischer Herrschaft das eigentliche Gebot eines zeitgemäß verstandenen Islam sah. Er starb überraschend im September 1979. Schließlich wurden die noch im Anfangsstadium steckenden demokratischen Strukturen der Übergangszeit gänzlich abgeschafft. „Ich warne euch! Seid wachsam... lasst euch nicht durch das Wort Demokratie in die Irre führen! Demokratie ist westlich und wir lehnen westliche Systeme ab", verkündete Khomeini im Gegensatz zu einer großen Zahl führender Geistlicher des Landes.

Bei der Volksabstimmung über die Einführung der „Islamischen Republik" im März 1979 war öffentlich keineswegs klargestellt, was das im Hinblick auf die Art und Rolle der Institutionen, die Volkssouveränität und andere politische und rechtliche Grundsatzfragen im Einzelnen zu bedeuten hatte, zumal eine Vielzahl von Deutungen des Verhältnisses von Islam und Staat, darunter insbesondere auch eindeutig demokratische, im Lande im Umlauf waren. Khomeini, der von seiner großen geistlichen und politischen Popularität als Held des Widerstands profitierte und für Teile der Bevölkerung den Mythos des zurückgekehrten verborgenen Imam verkörperte, warnte aus Anlass der Volksabstimmung: wer gegen die Islamische Republik stimme, würde sich für ein westliches Regime entscheiden. Durch geschickte Regie war aus einer zunächst religiös geprägten Kampagne gegen die Tyrannei des Schahs in scheinbarer Kontinuität der Argumentation nach der Machtübernahme ein fundamentalistischer Kampf gegen Demokratie, Pluralismus, Toleranz und Menschenrechte geworden, der von Khomeini ebenso im Namen von religiöser Wahrheit und islamischer Gerechtigkeit geführt wurde, wie zuvor die Revolution gegen den Schah. Kritiker wurden ausgeschaltet und verfolgt, viele büßten mit ihrem Leben.

Die Sehnsucht der entfremdeten, verelendeten oder benachteiligten Teile der iranischen Gesellschaft nach sozialer Sicherheit und einer neuen Einheit von Volk, Regierung und Führung wurde nun in ein fundamentalistisches Konzept der nahezu unbeschränkten politischen Machtübernahme der religiösen Führer umgemünzt. Die Volksabstimmung erwies sich als ein überwältigender Erfolg für die islamische Republik. Sie wurde von 99,3% der Wähler unterstützt. Dabei spielte das Wahlverfahren selbst eine wesentliche Rolle. Die Wahlen waren öffentlich, in jedem Wahllokal gab es einen Tisch mit roten und grünen Stimmzetteln, eine Urne, Geistliche und bewaffnete Revolutionsgardisten. Sichtbar für alle Anwesenden konnte mit dem roten Stimmzettel gegen und mit dem grünen für die Islamische Republik gestimmt werden. Die Stimmung und die Situation im Land ließen den Wählern schon zu diesem Zeitpunkt keinen Zweifel, dass unliebsames Abstimmungsverhalten zur Verfolgung oder sofortigen Verhaftung führen konnte. Auch die neue Verfassung wurde am 3. Dezember 1979 mit überwältigender Mehrheit angenommen. Die Abstimmung war abermals von warnenden religiösen Appellen Khomeinis begleitet. Mit ihr wurden die fundamentalistischen Ideen einer islamischen Staatsverfassung im Iran in Kraft gesetzt. Die Abschaffung der Pressefreiheit wurde von einer Repressionswelle gegen politische Organisationen und eigenständige Initiativen von Studenten und Arbeitslosen begleitet. Innerhalb kürzester Frist waren alle Organisationen verboten, die nicht mit den Zielen des fundamentalistischen Projekts übereinstimmten

Die Rolle der Frau im öffentlichen Leben wurde nach fundamentalistischen Vorstellungen, begleitet durch eine öffentliche Kampagne, neu bestimmt. Schon kurz nach seiner Rückkehr ins Land hatte Khomeini mit einem Aufruf gegen alle Bestrebungen zur Gleichberechtigung von Männern und Frauen die Frauenrechte verächtlich gemacht, und bereits im Mai 1979 war im Zuge dieser Kampagne eine Frau in der Öffentlichkeit ausgepeitscht worden. Weitere Frauen wurden später unter der Anklage der Unzucht hingerichtet. Unter der Parole einer Wiedereinführung der Scharia wurde ein System barbarischer physischer und psychischer Unterdrückung sowie der politischen Willkürherrschaft der Gruppe der fundamentalistischen Mullahs und ihrer Vertreter eingeführt. Missliebige Personen, die durch ihre Äußerungen, ihr Auftreten oder ihr Verhalten den Unwillen der Mullahs hervorriefen, wurden in religiösen Begriffen als „Verderbnisstifter auf Erden" oder „Krieger gegen Gott" zuerst außerhalb der Gemeinschaft und damit jeglichen Rechtsschutzes gestellt und dann gnadenlosen Repressalien unterworfen. Khomeini persönlich trieb die vollständige Islamisierung des Rechtswesens voran. Waren seit der Machtübernahme der Mullahs ohnehin schon Tausende Missliebiger eingekerkert, gefoltert und hingerichtet, viele Frauen vergewaltigt oder gesteinigt worden, so wurden nun barbarische Strafsanktionen in Rechtsform gegossen. Im neuen Strafgesetzbuch wurden die Anlässe und die genauen technischen Regelungen für Steinigung, Auspeitschung oder das Abhacken von Gliedmaßen im Einzelnen geregelt.

Die neue Verfassung Irans war den islamistischen Vorstellungen Khomeinis angepasst worden. Der Islam in seiner fundamentalistischen Deutung wurde zur obersten Legitimationsinstanz politischer Herrschaft. Der aus Geistlichen zusammengesetzte „Überwachungsrat" kontrollierte fortwährend die Konformität der Gesetze und ihrer Anwendung mit dem von ihm verfochtenen Verständnis des Islam. In der neuen Verfassung war festgelegt:

> „In der Islamischen Republik Iran steht während der Abwesenheit des verschwundenen 12. Imams – Gott möge ihn bald wieder erscheinen lassen – der Führungsauftrag (Imamat) und die Führungsbefugnis in Angelegenheiten der islamischen Gemeinschaft dem gerechten, gottesfürchtigen, über die Erfordernisse der Zeit informierten, tapferen, zur Führung befähigten Rechtsgelehrten zu, der von der Mehrheit der Bevölkerung als islamischer Führer anerkannt und bestätigt wurde. Falls kein islamischer Rechtsgelehrter eine solche Mehrheit findet, übernimmt ein Führungsrat islamischer Rechtsgelehrter, welche die obigen Voraussetzungen erfüllen, gemäß Grundsatz 507 die Führung."

Zu den Befugnissen der islamischen Führung zählen laut Verfassung die Ernennung der Rechtsgelehrten im Wächterrat, der in der Art eines Verfassungsgerichts die letztgültige Prüfung aller Gesetze vornimmt, der

Oberbefehl über die Streitkräfte, die Erklärung von Krieg und Frieden sowie die Absetzung des vom Volk gewählten Präsidenten der Republik. In der internationalen Politik deutet die Verfassung darauf hin, dass nichtislamischen Staaten keine Rechtssubjektivität zugestanden wird. Damit war die Errichtung des fundamentalistischen Staates, zu Beginn durchaus noch unter dem offenen Protest führender islamischer Geistlicher, die ein anderes Verständnis ihrer Religion und deren Beziehung zum öffentlichen Leben hatten, vollendet.

Nach mehreren Anpassungen stellt sich die fundamentalistische Verfassung des Iran als ein eigentümliches Zwittergebilde aus theokratisch legitimierter „Herrschaft des Rechtsgelehrten" (*welayat-e faqih*) und formell demokratischen Abstimmungen dar. Diese widersprüchlichen Stränge sind aber in zirkulärer Weise so verschachtelt, dass im Endeffekt die theokratische Selbstlegitimation der fundamentalistischen Führerschaft immer gewährleistet ist. Zwar wurde nach Khomeinis Tod am 4.6.1989 der rasch noch zum Ajatollah ausgerufene *Seijjed Ali Khamenei* vom theologischen Expertenrat, der seinerseits ebenso wie das Parlament (Islamische Beratende Versammlung) aus Volkswahlen hervorgeht, zum Revolutionsführer bestellt. Bei allen Wahlen bedürfen jedoch die Kandidaten einer Bestätigung durch den Wächterrat, der seinerseits zur Hälfte vom Revolutionsführer bestellt und zur anderen Hälfte vom Parlament gewählt wird, dessen Kandidaten ihrerseits stets der Bestätigung durch ebendiesen Wächterrat bedürfen.

Der Fundamentalismus demontiert sich selbst

Der überraschenden und überwältigenden Wahl des „Reformpräsidenten" *Hodjatoleslam Mohamad Khatami* am 23.5.1997 (ca. 80% Zustimmung bei ca. 90% Wahlbeteiligung) war eine längere Phase offener Reformstimmung im Lande vorausgegangen, die bis zu ihrer massiven Unterdrückung im Jahr 2000 anhielt und ihrerseits durch die Amtsführung des neuen Präsidenten in gewissem Maße Nahrung erhielt[39]. In dieser Zeit mehrten sich die Anzeichen für eine gemäßigte Öffnung und Liberalisierung des Landes. Zahlreiche Zeitungen und Zeitschriften nahmen ihre regime- und fundamentalismuskritische Publikationstätigkeit auf und

---

[39] Vergl. Kermani 2000

fanden eine sechsstellige Leserschaft. Eine Diskussion über die Rolle der Zivilgesellschaft, mit der *Khatami* in den Wahlkampf gezogen war, deutete darauf hin, dass die Gesellschaft selbst eine veränderte Rolle im Legitimationsgefüge der islamischen Republik beanspruchte. Umfragen und informierte Schätzungen ergaben vor allem in der Jugend des Landes –im scharfen Gegensatz zu den doktrinären Positionen der offiziellen Institutionen – eine sogar im weltweiten Maßstab erstaunlich positive Einschätzung der USA, zu der das Regime nach wie vor eine Erzfeindschaft pflegte.

In dieser Zeit entwickelte sich eine Diskussion über das Verhältnis von Islam und Demokratie, an der zahlreiche profilierte Intellektuelle, Künstler, Wissenschaftler und selbst islamische Gelehrte teilnahmen. In ihrer Hauptrichtung war sie in höchst verschiedenartigen Ansätzen und Argumentationsvarianten dem Versuch eines Nachweises gewidmet, dass auch ein konsequent interpretierter Islam mit einem politischen Gemeinwesen verträglich sei, das sich durch liberale und demokratische Organisationsformen auszeichnet. So gewann etwa das Argument Bedeutung, dass das koranische Verbot der Ausübung von Zwang in Fragen des Glaubens letztlich allein in einem rechtsstaatlich-demokratischen Gemeinwesen erfüllt werden könne, da nur in ihm institutionell garantiert werden könne, dass die Entscheidung zum Glauben und die zugehörige Lebensführung nicht durch den Einsatz staatlicher und gesellschaftlicher Zwangsmittel bedingt sei. Islamgelehrte wie *Mohamad Shabestari* wiesen darauf hin, dass in der ursprünglichen koranischen Tradition in der ersten Phase nach der Begründung des Islam durch den Propheten der Grundsatz gegolten habe, dass die Ordnung des Gemeinwesens samt der sozialen und politischen Fragen des Zusammenlebens der Menschen nach dem Willen Allahs eine Domäne der profanen Vernunft sei, die die Menschen in eigener Verantwortung regeln müssten, solange dabei die Bedingungen religiöser Lebensführung nach den Regeln des Islam nicht verletzt werden[40]. Der herausragende Kopf der islamischen Reformbewegung, *Abdolkarim Sorusch*, im Westen mitunter als der „schiitische Luther" apostrophiert, legte dar, dass keine Religion als eine sich immer gleichbleibende Wesenheit verstanden werden dürfe, sondern jede sich erst in einer nicht endenden Entwicklung vollende. Alle religiöse Exegese bleibe da-

---

[40] Shabestari 2003

her stets wandelbar und offen, auch der Islam habe nicht von vornherein die Antworten auf alle Fragen der menschlichen und gesellschaftlichen Lebenspraxis[41].

Diese Debatten, über Islam, Liberalität und Demokratie, die sich aus den Erfahrungen einer über zwanzig Jahre umspannenden fundamentalistischen Herrschaft und ihren Folgen ergaben, könnten sich als wegweisend für das Verhältnis von Islam und Fundamentalismus insgesamt erweisen. Reagieren sie doch auf die problematischen Konsequenzen einer tatsächlichen islamistischen Herrschaftspraxis, die in Teilen der islamischen Welt von fundamentalistischen Gruppierungen weiterhin als Harmonie stiftende gesellschaftspolitische Verheißung zum Zwecke der Mobilisierung von Massenprotesten erstrebt wird.

In dieser Zeit stellten die Reformkräfte im islamischen Beratungsrat nahezu zwei Drittel der Abgeordneten. Hoffnungen auf eine Stärkung der liberalen Entwicklungstendenzen schienen infolge dessen nicht unrealistisch. Diese Entwicklung fand einen Höhepunkt und gleichzeitig auch ihr vorläufiges Ende mit den teils heftigen Studentenprotesten in Teheran im Juli 1999. Die Studenten verfochten keine besondere Ideologie, sondern brachten ihren Überdruss an der fundamentalistischen Gängelung und ein wachsendes Freiheitsverlangen auf den Straßen der Hauptstadt vehement zum Ausdruck. Mit der blutigen Niederschlagung dieser Proteste fand auch die Reformbewegung ein vorläufiges Ende. Das zeigte sich auch darin, dass der Wächterrat durch seine massenhafte Ablehnung reformorientierter Mandatsbewerber im Vorfeld der Parlamentswahlen von 2004 für eine Umkehrung der Mehrheitsverhältnisse im Parlament sorgte. Seither verfügen die Konservativen und Ultrakonservativen wieder über eine Zweidrittel-Mehrheit. Die Wiederbefestigung des islamistischen Konservatismus im iranischen Herrschaftsgefüge fand ihren vorläufigen Abschluss in der Wahl des radikal islamistischen Bürgermeisters von Teheran *Mahmud Ahmadinedschad* zum Präsidenten im Juni 2005. Seine Widerwahl gegen eine breite Volksbewegung vermochte er im Jahre 2009 nur durch offenkundigen Wahlbetrug und verschärfte Repressionsmaßnahmen zu sichern. Sein reformfreudiger Gegenkandidat *Mir Hossein Mussawi* erhielt dennoch bemerkenswerte 32% der Stimmen.

---

[41] Soroush 1998, 2000

Es ist wissenschaftlich umstritten, ob das voll entfaltete fundamentalistische Herrschaftsregime des Islam staatstypologisch als eine fundamentalistische Autokratie, als eine Form totalitärer Herrschaft oder als eine Herrschaftsform eigener Art zu kennzeichnen ist[42]. Die Einschätzung des Regimes als Totalitarismus bezieht sich auf dessen Absicht, die Gesamtheit der wirtschaftlichen, gesellschaftlichen, kulturellen und politischen Verhältnisse unter die Regie einer politisierten Religion zu stellen, die ihrerseits öffentlich nicht zur Diskussion gestellt werden kann, sondern von einer kleinen geschlossenen Gruppe für die ganze Gesellschaft verbindlich interpretiert und gehandhabt wird (*Wahied Wahdat-Hagh*). Die etwas andere Einschätzung als fundamentalistischer Autoritarismus stützt sich auf gewisse Ansätze der innerislamischen Differenzierung, wie sie sich im Parlament und in Teilen der Öffentlichkeit zeigt und im gesellschaftlichen Leben auch gegen die Absichten der herrschenden Gruppe zur Geltung bringen kann. Eine völlige Gleichschaltung in Politik, Öffentlichkeit und Gesellschaft ist in der Islamischen Republik zu keinem Zeitpunkt durchgesetzt worden[43]. Kein Zweifel freilich besteht in der wissenschaftlichen Einschätzung der Herrschaftsqualität des Landes darin, dass es sich dabei um ein die universalistischen Grundrechte, insbesondere auch die Religionsfreiheit, die Rechtsstaatlichkeit und die Regeln der Demokratie systematisch missachtendes Herrschaftsregime auf der Legitimationsgrundlage einer religiös-fundamentalistischen Ideologie handelt, der Modellfall eines religiös-politischen Fundamentalismus an der Macht.

Peripherer religiöser Fundamentalismus

Psycho-Sekten zwischen Religion und Politik

Der Schock, den der Versuch der japanischen AUN-Sekte, die politische Machtergreifung mit hemmungslosem Gewalteinsatz zu proben, 1995 in aller Welt ausgelöst hatte, ist auch nach ihrer anscheinend vollständigen Auflösung nicht ganz aus dem öffentlichen Bewusstsein verschwunden.

---

[42] Fooladvand 1998
[43] Kermani 2000

In Deutschland gewinnt der immer noch ergebnislose Stellungskrieg um den politischen Charakter der Scientology-Sekte aus gegebenem Anlass immer einmal aufs Neue Nahrung, ebbt dann aber stets rasch wieder ab. In ihn waren schon neben Behörden, Kirchen, Vereinen, Medien, Gerichten und verletzten Abtrünnigen auch ganze Regierungen verstrickt. Scientology ist dabei nur die grellste Facette im weitverzweigten, bunten Mosaik des religiösen Sektenmarktes, der sich wie in vielen modernen Gesellschaften auch in der Bundesrepublik seit langem fest etabliert hat. Dieser Markt ist vielgestaltig, üppig ausgestattet, in stetem Fluss und selbst für Experten schwer zu überblicken. Die Mitgliederzahlen, ideologischen Varianten und Verzweigungen sind schwer zu durchschauen. Jeder genauere Blick auf Binnenstruktur und Beitrittsmotive zeigt für den am meisten verbreiteten Standardtyp der Psycho-Sekten, dass sie in ihrer Struktur und in ihrem Anspruch den klassischen Fall fundamentalistischer Gemeinschaftsbildung verkörpern, freilich in der Regel nicht mit einem manifesten politischen Anspruch, wenn auch nicht ganz ohne politische Wirkungen, wie der Fall der AUN-Sekte zeigt, und bei Scientology durchaus mit politischen Ambitionen, aber sorgfältig verdeckt.

Sie bieten ihren Anhängern alles, was der moderne Fundamentalismus an Gewissheiten, Absolutheitsansprüchen, geschlossenen Gegenwelten, manichäischen Weltbildern, Heilsversprechungen, Sinnverheißungen und Trost, aber eben auch an Unterwerfung und das gesamte Leben ergreifendem Anspruch zu bieten vermag[44]. Sie schaffen eine Welt der absoluten Gewissheit und Identität, in der alles, was anders ist, Zweifel zulassen, Offenheit und selbstbestimmte Lebensführung ermöglichen könnte, aus dem Erfahrungskreis verbannt ist. Es wird in die fernere, gesellschaftliche Umwelt abgedrängt, die zum feindlichen Außen wird, aus der es sich mit den Kräften, über die die Sekten verfügen, nicht verbannen lässt, als Zeugnis einer verworfenen Welt, die jedes eigenständigen Geltungsrechts beraubt wird und allenfalls als Objekt der Missionierung oder Unterwerfung im Blick bleibt.

Die Zahl dieser religiösen Sekten ist sprunghaft angestiegen, die Menge ihrer Vollmitglieder wird in der Bundesrepublik auf mehr als eine halbe Million geschätzt[45]. Die Etiketten, unter denen sie letztlich alle

---

[44] Vergl. Gasper/Müller/Valentin 1999
[45] aaO.

denselben fundamentalistischen Trost auf den Märkten postmoderner Beliebigkeit einem in tiefer Seele verunsicherten Publikum feilbieten, umfassen farbenprächtige Anleihen aus den religiösen Traditionen fast aller Epochen und Weltregionen, vom pseudo-religiösen „Neo-Heidentum" der nordischen Welt über Buddhismus, Hinduismus, Islam und Christentum, bis hin zu höchst phantasievollen Synthesen aus alledem. Und sie sind an den vermuteten Bedarf des religiösen Psychomarktes sorgfältig und phantasievoll angepasst, wofür Scientology selbst ein beredtes Beispiel ist.

Wie stets bei der Anwendung von Begriffen im politisch-kulturellen Raum sind die Grenzzonen mitunter heikel und unscharf definiert. Der Begriff der Psycho-Sekte oder religiösen Sekte ist auch ein Instrument, mit dem sich Repräsentanten der offiziellen Kirchen und dominanten Weltanschauungen lästige Konkurrenz vom Halse halten, die ihnen in manchen Elementen der Organisation und des Glaubens bei Licht besehen nicht ganz so unähnlich sind, wie der Abgrenzungseifer vermuten lassen soll. Indem sie die Sekten an den öffentlichen Pranger stellen, hoffen sie, die keineswegs erfolglosen Konkurrenten zu entlegitimieren und damit entscheidend zu schwächen. Gleichwohl lässt sich das Bedeutungsfeld eines sozialwissenschaftlich gehaltvollen und in den wesentlichen Anwendungskriterien eindeutigen Sektenbegriffs für alle praktischen Fragen hinreichend sicher bestimmen. Sie erfüllen nahezu idealtypisch die Strukturmerkmale des Fundamentalismus, allerdings mit unterschiedlicher Nähe zum Kriterium der politischen Ideologie. Die offene Frage ist in allen Fällen, ob sie im Kern gänzlich unpolitisch sind, wie einige von ihnen strikt beanspruchen, oder doch eine ins Gewicht fallende politische Dimension haben, zumindest im Hinblick auf die demokratische Politikfähigkeit ihrer Anhänger. Diese Frage stand zumindest stets im Zentrum der Debatten um Scientology[46].

Der Fall Scientology

Wie die anderen Psycho-Sekten weist Scientology eine Reihe von organisatorischen, psychologischen und ideologischen Kennzeichen auf, die aufs Haar denen gleichen, die für die großen politischen Fundamentalis-

---

[46] Jaschke 1998

men beschrieben worden sind. Nicht wenige dieser Sekten erfüllen im Aufmerksamkeitsschatten der Öffentlichkeit die Kriterien fundamentalistischer Verfassung, Denk- und Handlungsweise rigider und vollständiger als die großen politischen Organisationen des Fundamentalismus in den öffentlichen Arenen selbst. Sie errichten in allen Fällen auf der Basis absolut gesetzter Wahrheitsansprüche starre Strukturen weitreichender geistiger und sozialer Geschlossenheit und kultivieren ausnahmslos das hybrishafte Selbstbewusstsein, allein Garant und Vollender der Erlösung der Menschheit zu sein. Die Versuchung, bei gegebenem Anlass über alle Köpfe der einfachen Mitglieder und erst recht der Außenstehenden hinweg nicht nur handeln zu dürfen, sondern sogar zu müssen, da dies in Wahrheit auch in deren eigenem, zunächst noch verkanntem Interesse liege, ist in die geistige Verfassung dieser Sekten als eine Art genereller Ermächtigungsklausel eingelassen.

Es ist allerdings die Frage, ob es sich bei den Sekten, die überall in Europa Aufmerksamkeit erregen, nur um eine gleichsam kulturelllebensweltliche Variante des Fundamentalismus auf der Ebene der Zivilgesellschaft handelt. Dann könnte die Anwendbarkeit des Fundamentalismusbegriffs selbst zweifelhaft sein, da dieser ja ein öffentlichkeitsbezogenes Element politischer Ideologie zur Voraussetzung hat. Oder haben Psycho-Sekten wie Scientology entgegen ihrer eigenen Darstellung und der überwiegenden öffentlichen Wahrnehmung doch auch eine genuin politische Dimension, die über die Ebene der Zivilgesellschaft deutlich hinausgreift? Die Antwort auf diese Frage ist von weitreichender praktischer Bedeutung. Im Falle des politischen Charakters erscheinen beispielsweise die öffentliche Beobachtung und gegebenenfalls auch die öffentliche Intervention legitim, die beide im Falle eines gänzlich unpolitischen Charakters problematisch wären. Für Sekten, deren politischer Charakter erwiesen ist, kann jedenfalls selbst die Mitgliedschaft nicht als eine reine Privatangelegenheit angesehen werden, die niemand sonst außer dem zur Mitgliedschaft entschlossenen Einzelnen etwas angehen dürfte.

Die Antwort auf die heikle Frage nach dem politischen Charakter einer Psycho-Sekte muss sich an einem differenzierten Begriff des Politischen orientieren, der nicht vorab schon Politik auf staatliches Handeln allein verengt. Auch in der Zivilgesellschaft findet ja in vielfältigen Formen durchaus Politik statt, und zwar überall dort, wo verbindliche Gemeinschaftsentscheidungen getroffen oder vorbereitet werden[47]. Ausschlaggebend ist aber darüber hinaus die unbestreitbare Erkenntnis, dass die politische Kultur einer Gesellschaft, nämlich die Gesamtheit der auf das Politische bezogenen Einstellungen, Werte und Handlungsorientierungen ihrer Bürger, von ebenso gewichtiger Bedeutung für die Überlebenschancen der Demokratie ist wie das System der politischen Institutionen selbst, das sie sich schafft. Erst politische Kultur und politische Institutionen in ihrem Zusammenwirken bilden das Fundament des politischen Gemeinwesens. Das hat sich in Deutschland beispielhaft im Schicksal der Weimarer Republik offenbart, einer institutionellen Demokratie ohne ausreichendes demokratisches Bürgerbewusstsein. Es ist später an der politischen Karriere der Demokratie in Ländern der Dritten Welt sichtbar geworden, in denen die importierten Institutionen des demokratischen Staates in kurzer Frist verkümmerten oder abgeworfen wurden, wenn die kulturellen Traditionen des Landes, die in eine andere politische Richtung wiesen, hartnäckiger waren als die gutgemeinten Importe. Die Netzwerke selbstbestimmten Bürgerhandelns in der Zivilgesellschaft und die vor allem in ihnen ermöglichten oder verhinderten Einstellungen und Gewohnheiten erhalten Demokratie am Leben und nicht allein das Skelett ihrer Verfassung.

Als Organisationen in der Zivilgesellschaft sind daher die religiösen Psycho-Sekten in gewissem Maße immer schon politisch, weil sie, wenn auch in wechselndem Umfang, die verbindliche Regelung gemeinsamer gesellschaftlicher Angelegenheiten und die Festlegung des politischen oder scheinbar unpolitischen Verhaltens ihrer Mitglieder einschließen. Sie sind in jedem Falle höchst einflussreiche Mitproduzenten der politischen Kultur ihrer Gesellschaft, weil ihre Mitglieder auf prägende Weise Einstellungen zum Politischen einüben, die im Zweifelsfalle den Ausschlag dafür geben, ob die Menschen zu einem Verständigungshandeln unter Gleichen, wie es die Demokratie verlangt, befähigt sind oder nicht. Das aber entscheidet über die Aussichten der Demokratie spätestens in der Krise und ist darum in jedem Falle eine politische Schlüsselfrage der Demokratie. Eine der Konsequenzen aus dem Scheitern der Demokratie von Weimar ist ja, dass in Deutschland Verbände und Parteien nicht nur

---

[47] Vergl. Meyer 2010: Kap. 9

in ihren politischen Bestrebungen die Normen und Institutionen der Demokratie respektieren, sondern ihnen auch in ihrer eigenen inneren Ordnung entsprechen müssen. Diese Forderung ist im Vereinsrecht detailliert verankert.

Es ist nun aber, wie alle einschlägigen Studien belegen, gerade der eigentliche Funktionssinn der Psycho-Sekten, dass sie auf einer nichtverhandelbaren Heilsgewissheit basieren, über deren Auslegung und Anwendung auf das gesamte Leben ihrer Mitglieder nicht gewählte Führer autokratisch befinden. Die Gruppen sind hierarchisch aufgebaut, mit einem über alle erhabenen Führer an der Spitze. Die vollständige Abhängigkeit der Mitglieder ist ja gerade der Zweck der ganzen Übung, sie bedingt Auserwähltheitsbewusstsein der Überlegenen über den Rest der verworfenen Welt und einen festen Lebenssinn, der anscheinend keine Frage mehr offen lässt. Eine Anerkennung oder gar das offene Austragen von Konflikten, das Sinnzentrum der politischen Kultur der Demokratie, würde eben jene Identitätsrisiken ins Leben der Sektenmitglieder und ihrer Gemeinschaft zurückbringen, deren Vermeidung gerade ihr entscheidendes Beitrittsmotiv war. Das gilt in gleichem Maße für offene Kritik und die öffentliche Erwägung von Handlungsalternativen. Die Mitgliedschaft in Psycho-Sekten dieser Art entfremdet die Menschen dauerhaft mit der stillen Macht des täglichen Lebens auf ganz praktische Weise von allem, wovon die politische Kultur der Demokratie lebt.

Ähnlich wie bei der japanischen AUN-Sekte, deren Führung weit über alles hinaus, was die Mitglieder wissen oder ahnen konnten, direkte staatspolitische Ziele verfolgte, muss nach neueren Erkenntnissen auch bei der weltweit agierenden Sekte Scientology davon ausgegangen werden, dass die Führung unmittelbar staatspolitische Zwecke hat. Diese fundamentalistische Organisation der Zivilgesellschaft wirkt nicht nur an der Erzeugung der politischen Kultur mit, sie agiert vielmehr unmittelbar politisch wie politische Verbände. Zu diesem gut begründeten Fazit kommt der Politikwissenschaftler Hans-Gerd Jaschke in einem Gutachten über den politischen Charakter von Scientology, das er 1996 der Landesregierung Nordrhein-Westfalen vorgelegt hat[48]. Bei ihr handelt es sich demnach um eine fundamentalistische Organisation im strikten Sinne politisch-ideologischer Ausrichtung und Zielsetzung. Jaschke zeichnet in

---

[48] Innenministerium NRW 1996, Jaschke 1998

sorgsamen Analysen der Organisationspraxis und der Ideologie die „totalitären Grundzüge" von Scientology im Einzelnen, vor allem auch auf der Basis von Aussteigerberichten, nach. In beiden Bereichen ist die Demokratiefeindschaft überall mit Händen zu greifen. In informativem Gegensatz zum ihrem Eigenanspruch als Kirche hatte schon der legendäre Sektengründer L. Ron Hubbard ohne Versteckspiel von einer „politischen Dianetik" als Element seiner Sektenideologie gesprochen. Sie gipfelt in einem Führerkult auf der Basis totalitärer Ideologie und dem Anspruch, unter der Parole „*clear*" die politische Herrschaft in den einzelnen Ländern und schließlich auf der ganzen Welt allmählich zu erobern und dann nach dem Muster der internen Organisation von Scientology selbst auszuüben.

Der Begriff des Totalitarismus bedarf Jaschke zufolge freilich im Falle dieser Sekte einer Neubestimmung. Es handelt sich bei ihr nämlich um „eine neuartige Form des politischen Extremismus"[49]. Obgleich ja ihre Ideologie und ihr Aufbau die bekannten Kriterien des rechten und des linken Extremismus nicht erfüllt, gleicht sie diesen historischen Formen des politischen Extremismus dennoch in wesentlicher struktureller Hinsicht, wenn auch in entscheidenden Punkten auf ihre eigene unverwechselbare Weise.

> „Dennoch scheint sich bei Organisationen wie SC (Scientology) eine neuartige Form des politischen Extremismus anzubahnen, orientiert an Ideen des absoluten, heldischen Übermenschen, der die lästigen Fesseln des Liberalismus und der Demokratie abstreift auf dem Weg zu einer Weltherrschaft, die auf totalitären und mit einer demokratischen Verfassung unvereinbaren Grundprinzipien basiert"[50].

Neu an diesem politischen Fundamentalismus ist kaum, dass er zunächst ausschließlich im kulturellen Bereich wirksam wird, um die Gemüter allmählich auf die große Umwälzung einzustimmen, die für viel später im politischen Bereich geplant ist. Das Neue ist eher eine Eigenart, die als solche zwar in beinahe allen fundamentalistischen Bewegungen in wechselndem Maße zu beobachten ist, von Scientology aber auf eigentümliche Weise auf die Spitze getrieben wird. Es ist die Differenz der Motive und Handlungszwecke zwischen Gefolgschaft und Führung. Während das Motiv für den Eintritt der einfachen Mitglieder in die Sekte so gut wie

---

[49] Innenministerium NRW 1996:57
[50] aaO.

immer die individuelle Identitätssuche und die Hoffnung auf religiöse oder weltanschauliche Gewissheit und feste Lebensorientierungen ist und kaum je politische Machtgelüste ins Spiel kommen, leitet auf der Ebene der Führung der Organisation offenbar gerade dieses Motiv das gesamte Handeln.

In diesem Sinne werden Motivation und Gefolgschaftsbereitschaft der Sektenmitglieder, die ausschließlich psycho-sozialen Interessen entspringen, von einer Führung in Dienst genommen, die sie gegen die unmittelbaren Absichten zumindest eines Teils der Gefolgschaft für ihre eigenen, ganz anders gearteten Interessen politisch instrumentalisiert. In zahlreichen fundamentalistischen Bewegungen ist eine solche Dichotomie ausgebildet, die eine weite Differenz der Handlungszwecke von Führung und Gefolgschaft aufweisen kann, vom Akzentunterschied zwischen psycho-sozialen und politischen Motiven bis hin zur bloß noch äußeren Verbindung der ideologischen Denkmuster bei gänzlich verschiedenen primären Handlungsabsichten.

Scientology zeigt in idealtypischer Reinheit den Doppelsinn der Formel von der politischen Instrumentalisierung kultureller Unterschiede durch den Fundamentalismus. Denn dabei geht es nicht allein um die Indienstnahme kultureller Identitätsbildung und mentaler Abschließung, die Menschen je für ihren eigenen Gebrauch vornehmen, für die Zwecke politischer Macht, sondern in vielen Fällen auch um die Indienstnahme der psycho-sozialen Interessen von Menschen an starker religiös-kultureller Identität für die politischen Machtkalküle Anderer, die das Identitäts-Interesse nicht selten als eigenes Handlungsmotiv gar nicht teilen. Eine solche Dichotomie ist bei offen politischen Verbänden oder gar Parteien nicht möglich. Sie findet sich im politischen Fundamentalismus infolge seiner schillernden Zwischenstellung zwischen Religion und Politik indessen regelmäßig und kann wegen dessen kulturell-politischem Doppelgesicht der Gefolgschaft über lange Zeiten hin verborgen bleiben. In diesem Sinne ist Scientology durchaus eine „neue Form" des politischen Extremismus und, wegen ihres trügerischen Doppelgesichts, eine über alle bekannten Formen des politischen Extremismus hinaus ernsthafte Herausforderung der Demokratie, im übrigen mit einer größeren Mitgliederzahl als viele offen politisch fundamentalistischen Organisationen.

Diese Doppelgesichtigkeit hat an der Oberfläche ihren Ausdruck in dem skurrilen Anspruch der Organisation gefunden, nichts als eine Kirche zu sein, aber eine, wie die Analyse ihrer Arkan-Ideologie dann manifestiert, die wie eine politische Kampfformation operiert, die die politische Macht ergreifen will, wenn auch zunächst auf den leisen Sohlen einer Kulturrevolution im kleinen Kreis und einer Einschleusung von Vertrauensleuten in öffentliche Einflusspositionen. Als Kippfiguren zwischen „Kirche" und Partei, auch darin ist Scientology idealtypisch, erweisen sich denn in letzter Instanz religiös-fundamentalistische Bewegungen überall auf der Welt. Eben darin liegen ihr Geheimnis und der Schlüssel zur beträchtlichen Macht, die sie in Krisensituationen entfalten können.

Kompensatorischer Migranten-Fundamentalismus

Erfahrungen von Migranten der Dritten Generationen

Die deutsche Öffentlichkeit zeigte sich überrascht und verwundert, als eine Arbeitsgruppe des Bielefelder Instituts für interdisziplinäre Konflikt- und Gewaltforschung erstmalig Umfrageergebnisse präsentierte, wonach ein Drittel der jungen Türken der dritten Generation in Deutschland im Alter von 15 bis 21 Jahren einem gewaltbestimmten religiösen Fundamentalismus zuneigen[51]. Kein Zweifel, bloße Zahlen sind immer problematisch, wenn es um die Einstellungen von Menschen, zumal die Abschätzung ihrer Bedeutung und Dauerhaftigkeit geht, und die Fragen, deren Beantwortung den Schluss auf die tiefer liegenden Orientierungen ermöglichen sollen, sind selten ernsthafter methodischer Anfechtbarkeit entzogen. Im Falle der Studien Heitmeyers können die methodischen Einwände zwar Einschränkungen nahelegen und eine gewisse Skepsis in Bezug auf die sehr großen Zahlen begründen, aber nicht das Hauptergebnis in seinem qualitativen Anspruch widerlegen.

Die Bielefelder Forschungsgruppe hat für ihren Analyseansatz besonders sorgfältig zwischen den unterschiedlichen Formen einer bloßen Renaissance des Religiösen und dem religiös begründeten politischen Fundamentalismus unterschieden, um auszuschließen, dass eine Verstär-

---

[51] Heitmeyer 1997

kung des religiösen Bewusstseins als solches wahllos dem Fundamentalismus zugerechnet werden kann. Dabei werden unterschiedliche Arten, in Situationen der Verunsicherung sich des Wertes der persönlichen und kollektiven Identität über religiöses Selbstbewusstsein erneut zu versichern, überzeugend differenziert. Im Falle der muslimischen Migranten in Deutschland geht es dabei, erstens, um islamische Religiosität als persönliche Angelegenheit, zweitens, islamische Religiosität als Mittel kollektiver kultureller Abgrenzung in Konkurrenz zu anderen Kulturen und, drittens, die politische Verwendung islamischer Religiosität als Verbindung von Religion und Machtpolitik mit dem Ziel der Ausbreitung des Geltungsbereichs dieser Kultur und der Erringung einer Vormacht gegenüber konkurrierenden Kulturen. In Anschluss an den Stand der internationalen Fundamentalismusforschung wird nur die letzte Einstellung als Fundamentalismus bezeichnet, durch genaue Fragen ermittelt und in ihrer Verbreitung und den Gründen untersucht, die bei den Betroffenen zu ihrer Ausbildung führten.

35,7% der befragten türkischen Jugendlichen waren zu diesem Zeitpunkt bereit, sich notfalls mit körperlicher Gewalt gegen Ungläubige durchzusetzen, wenn es der islamischen Gemeinschaft dient. 55,9% waren der Auffassung, dass die anderen Religionen nichtig und falsch seien und ihre Angehörigen Ungläubige, der Islam mithin als die einzige rechtgläubige Religion gelten muss. Eine Anpassung an die „westliche Lebensweise" lehnen 56% dieser Jugendlichen ab. Wahrscheinlich in überzogener Strenge leitet das Forscherteam aus dem ebenfalls ermittelten Sachverhalt hoher Mitgliedschaftsraten der „fundamentalistischen" Jugendlichen in straff organisierten politisch-kulturellen Verbänden des Fundamentalismus die Prognose ab, dass der Fundamentalismus keine kurze Episode ihrer Jugendzeit bleiben, sondern sich als eine stabile Orientierung im gesamten Leben der meisten dieser Menschen erweisen wird. Die Schlussfolgerung kann freilich schon nach einem kurzen historischen Rückblick fraglich erscheinen, der daran erinnert, wie viele deutsche Jugendliche in den strikt fundamentalistisch ausgerichteten kommunistischen K-Gruppen der 70er Jahre landeten und nach wenigen Jahren aufgrund der dort gemachten Erfahrungen in eher basisdemokratische Parteien wie die Grünen überwechselten oder der Politik ganz entsagten. Vielleicht kann auch für Fundamentalisten das Diktum des fabianischen

Sozialisten *George Bernard Shaw* gelten, demzufolge kein Herz hat, wer mit zwanzig kein Kommunist ist, aber keinen Verstand, wer es mit vierzig immer noch ist.

Die Folgen verweigerter Anerkennung

Interessanter aber als die Ergebnisse selbst erscheinen die Ursachen, die diese Jugendlichen in fundamentalistische Positionen hineintreiben: Orientierungslosigkeit und verweigerte Anerkennung in der Mehrheitsgesellschaft. Jeweils etwas mehr oder etwas weniger als die Hälfte der Befragten gab zu Protokoll, dass in der Gegenwart alles so unsicher geworden sei, dass jeder auf alles gefasst sein müsse; dass den meisten Menschen ein richtiger Halt fehle; dass gegenwärtig alles so sehr in Unordnung geraten sei, dass niemand mehr wisse, wo er eigentlich stehe und dass für die meisten ganz unklar geworden sei, was sie zu tun und zu lassen haben. Diese Jugendlichen sind in Deutschland aufgewachsen, sprechen häufig die Sprache des Landes, beherrschen seine wichtigen Kulturtechniken und kennen dessen Vorzüge, Gepflogenheiten und Schwächen zumeist nicht weniger gut als ihre deutschen Altersgenossen. Sie haben, soweit sie nun fundamentalistische Positionen übernommen haben, indessen Erfahrungen durchlaufen, die sie in die rigiden Identitätsansprüche der fundamentalistischen Version ihrer Ursprungskultur zurücktreibt, aber erst, nachdem all ihre Versuche, eine offenere Identität zwischen der Herkunfts- und der Mehrheitskultur zu finden und in dieser eine gleichwertige Anerkennung als Person zu erfahren, auf verletzende Weise gescheitert sind. Fast die Hälfte von ihnen resümiert diese Erfahrung verweigerter Anerkennung in den Urteilen: „Die Deutschen lehnen uns ab, die Türken in der Türkei verstehen uns nicht, aber Muslime akzeptieren uns" und: „Wir können uns nie als Deutsche fühlen, weil wir nicht dazugehören". Diese Erfahrung versagter Anerkennung hängt nicht davon ab, ob der Einzelne, der sie macht, die deutsche Staatsbürgerschaft hat oder nicht. Entscheidend sind vielmehr persönliche Kränkungserlebnisse als Fremde(r) und das wiederholte symbolische Erlebnis erniedrigender Gewaltanwendung gegen Ausländer im Aufnahmeland.

Die Erfahrung der Arbeitslosigkeit eines oder beider Elternteile und erhebliche Schwierigkeiten, einen Ausbildungsplatz zu finden, teilt das betroffene Drittel der türkischen Jugendlichen mit einem beträchtlichen Teil seiner deutschen Altersgenossen, aber es verarbeitet sie in einer Atmosphäre erlebter ethnisch-kultureller Diskriminierung auf andere, kulturell akzentuierte Weise. Dabei kommen natürlich stets individuelle Merkmale der prägenden Lebenserfahrungen in Kindheit, Familie und Umwelt ins Spiel, aber die ausschlaggebenden Gründe für den Willen zur Übernahme einer fundamentalistischen Identität sind doch in dem missglückten Versuch zu sehen, eine tragfähige Identität nicht gegen die Mehrheitsgesellschaft auszubilden, sondern in ihr.

Diese Entwicklung wird gleichermaßen für das gesellschaftliche Zusammenleben und das politische Gemeinwesen der Bundesrepublik schwerwiegende Probleme aufwerfen. Sie zeichnen sich schon ab. Sobald charismatische Wortführer, mögen sie nun selbst fundamentalistisch gesonnen sein oder nicht, dieses Potential bündeln, durch symbolische Konflikte um kulturelle Unterschiede – sei es das Kopftuch in der Schule, die zulässige Lautstärke der Stimme des Muezzin oder die Art der Tierschlachtung – aufheizen, um es für ihre eigenen politischen Karriereinteressen zu instrumentalisieren, wird ein ungekanntes gravierendes Problem auftreten, das die deutsche Gesellschaft in dieser Dimension durch ihre mangelnde Bereitschaft selbst verschuldet hat, die kulturelle Differenz und die Angehörigen fremder Kulturen anzuerkennen.

Es sei denn, sie zieht Konsequenzen, solange dazu noch Zeit ist, denn wir wissen ja aus der Erfahrung vieler Länder, dass der eine Fundamentalismus den anderen nach sich zieht und nährt, der religiöse Fundamentalismus der Minderheit den ethno-fundamentalistisch gefärbten Rechtspopulismus der Mehrheit, und dass am Ende das ganze Gemeinwesen zum Opfer wird. Auch für die europäischen Länder droht die Spiraldrehung, vom Ethno-Fundamentalismus in der Mehrheitsgesellschaft zum reaktiven religiös-politischen Fundamentalismus der Ausgegrenzten und wieder zurück, die Mitte der Gesellschaft zu erfassen. Mit dem Sarrazin-Phänomen des Jahres 2010 scheint Deutschland im Begriff, darin anderen europäischen Ländern wie den Niederlanden, Dänemark oder Österreich im Eilschritt folgen zu wollen.

Ethno-Fundamentalismus

Die neue Rechte

Der Ethno-Fundamentalismus ist ein in jüngerer Zeit zunehmend an Bedeutung gewinnendes Beispiel dafür, dass die Ziele, die Argumentationslogik und die Struktur fundamentalistischer Ideologiebildung auch auf von der religiösen Vorstellungswelt unabhängiger Grundlage erfolgen und wirksam werden können. Er versteckt sich in jüngster Zeit oft unter dem irreführenden Euphemismus „Ethno-Pluralismus", einer überall in Europa verbreiteten rechtspopulistischen Ideologie, die das Gebot der Reinheit der Rassen als Reinheit der ethnisch verstandenen Kulturen wiederauferstehen lässt[52]. Deren „Vermischung" sei die Ursache ihres gegenwärtigen Niedergangs und verletze das Recht auf Selbstbehauptung jeder einzelnen Kultur, unserer eigenen in den europäischen Ländern, die Immigranten aus den Ländern des Südens aufnehmen, ebenso wie der Kulturen der Immigranten selbst. Frappierend erscheint schon auf den ersten Blick die Nähe der Theorie vom Zusammenstoß der Zivilisationen zum chauvinistischen Konzept des „Ethno-Pluralismus", das der Chefideologe der *Nouvelle Droite* in Frankreich, *Alain de Benoist*, zu einem Lieblingsdiskurs der Neuen Rechten in Europa gemacht hat. Die politischen Überzeugungen und Absichten mögen in beiden Fällen gänzlich verschieden sein. Die Konvergenz der Ergebnisse und damit der Gleichklang der politischen Effekte sind indessen kein Zufall. Sie ergeben sich aus dem verdinglichten Kulturbegriff, den beide aus ähnlichen Erwägungen zugrunde legen, mit denselben Konsequenzen für den praktisch-politischen Gebrauch der Konzepte, unabhängig von dem, was die einzelnen Autoren selbst in dieser Hinsicht für politisch wünschenswert halten.

Ethno-Pluralismus nimmt im Denken der Neuen Rechten in Europa den Platz ein, den der offen biologistische Rassismus im rechten Extremismus traditioneller Prägung innehatte. Mark Terkessides hat in einer aufschlussreichen Analyse die Operationen nachgezeichnet, die an ursprünglich links-egalitär gemeinten Theorien vollzogen werden, damit die neorassistische Doktrin des Ethno-Pluralismus aus zunächst harmlo-

---

[52] Terkessides 1995

sen kulturtheoretischen Unterscheidungen hervorgehen kann und den Anschein gewinnt, eine moderne Theorie zu sein, die sich vor Demokratie- und Menschenrechtsforderungen nicht verstecken muss. Zunächst werden die unterschiedlichen Kulturen aus den in den rechten Denktraditionen alter Prägung üblichen Hierarchisierungen von Höher- und Minderwertigkeit scheinbar herausgelöst. Das ist ein Akt radikaler Modernisierung rechtsextremer Denkbestände. Die Kulturen seien als solche, was immer ihre Inhalte auch sein mögen, durchaus gleichwertig. Sodann wird der Kulturbegriff naturalisiert, so dass die Vielfalt der menschlichen Kulturen im gleichen Lichte Natur gegebener und fest abgegrenzter Identitäten und Differenzen erscheint wie die Vielfalt der Gattungen und Arten in der Natur selbst. Die menschliche Kultur nimmt als Ergebnis dieser Operation ihrerseits biologische Züge an, so dass sich der Rückgriff auf den in der postfaschistischen Epoche verpönten Biologismus erübrigt, ohne dass seine Prämissen, Absichten und Auswirkungen dementiert werden müssten. Durch Naturalisierung und Ethnisierung ergibt sich die den Ethno-Pluralismus kennzeichnende Absolutsetzung der Differenz zwischen den Kulturen wie von selbst, und jeder Versuch ihrer Vermischung, ihrer substantiellen Veränderung erscheint als lebensbedrohlicher Verfall der kulturellen Lebensbedingungen menschlicher Gemeinschaften. Nach dieser Umkehrung soll gerade die Gleichheit der Kulturen, ihre ethnisch naturalistische Verdinglichung vorausgesetzt, die radikale Forderung begründen – und das ist natürlich auch bei der Neuen Rechten des Pudels Kern –, dass „fremde" Kulturen sich im Westen nicht niederlassen und entfalten sollen. Ihre Repräsentanten sollen dorthin zurückkehren, woher sie gekommen sind, nun aber nicht mehr nur um der Interessen der „Hiesigen" willen, das Fremde fernzuhalten, sondern eben sowohl im Interesse und nach dem Recht ihrer eigenen Kultur: eine konsequent egalitäre Begründung für eine Trennung, die sich bei Lichte rasch als der alte rassistische Chauvinismus zu erkennen gibt.

Es gehört zur Technik dieser Umkehrung eines ursprünglich mit der entgegengesetzten Absicht entfalteten Gedankens, dass eben die Argumente, die eigentlich zur Widerlegung rechtschauvinistischer Positionen entfaltet wurden, auf listige Weise zur immunisierten Neubegründung solcher Positionen zweckentfremdet werden. Selbst sensible Begriffe, die lange Zeit für die Kennzeichnung der unvergleichlichen Exzesse des rechten Chauvinismus reserviert blieben, werden verkehrt und für die Brandmarkung der Positionen in Dienst genommen, gegen die sich der modernisierte rechte Chauvinismus richtet. Die Vermischung der Kulturen in multikulturellen oder anderen Projekten, die sich gegen kulturelle Separation richten, wird in der neurechten Sprache des Ethno-Pluralismus zum „Ethnozid" (*de Benoist*) oder gutdeutsch „kulturellem Völkertod"[53]. Der rechtsextreme Identitäts-Wahn kann nun seine humanistischen Gegenspieler mit denselben Begriffen verfemen, die sie einst für seine eigenen beispiellosen Verbrechen geprägt haben.

Die „ethnische Säuberung"

Dieser Identitäts-Wahn begründet die ethnische Apartheid, die er verlangt, scheinbar mit egalitären Argumenten. Er kann bei den ethnischen Säuberungen, die er betreibt, sogar zum Schein noch den Anspruch geltend machen, der in Wahrheit blanker Zynismus ist, in gewisser Weise im Interesse der Verfolgten zu handeln, da auch sie durch die erzwungene Trennung wieder zur reinen Eigengruppe werden und sich dadurch die Aussichten für ihr Wohlergehen bessern. Dabei haben historische Studien im Kontinent der „ethnischen Konflikte", Afrika, gezeigt, dass selbst noch die ethnische Zurechnung der sozialen Gruppen in gegebener politischer Lage oft denselben Regeln politischer Konstruktion folgt wie die fundamentalistische Indienstnahme kultureller Unterschiede für politische Machtinteressen. Selten ist die vermeintliche „ethnische" Identität nur eine natürliche Abstammungsgemeinschaft, zumeist ist sie auch ein politisches Konstrukt. Illustrativ ist in diesem Zusammenhang ein Kapitel aus der Vorgeschichte des mörderischen Konflikts zwischen Hutus und Tutsi in Ruanda. Die Zugehörigkeit zu diesen beiden „Ethnien" war lange Zeit variabel, da es für die Zuschreibung objektive Kriterien gar nicht gab.

„Durch Kolonialismus und Missionsgeschichtsschreibung wurden die Zugehörigkeiten verfestigt, instrumentalisiert und mittels einer rassistisch getönten Ethnohistorie untermauert. Die Tutsi wurden als angebliches ‚Herrenvolk' von der belgischen Kolonialadministration gefördert, die auch einen ethnischen Zuordnungsvermerk im

---

[53] Terkessides 1995:63

Ausweis zur Pflicht machte. Mangels kultureller Unterscheidungskriterien wurde als Tutsi definiert, wer mehr als zehn Kühe besaß."[54]

Die „ethnischen Säuberungen" der neunziger Jahre in Serbien haben die Mechanismen der Akkumulation politischer Macht durch die Politisierung kultureller Unterschiede bloßgelegt, die während ganzer historischer Epochen in den Lebenswelten der Menschen selbst keine blutigen Konflikte auslösten. Sie konnten erst zur selbständigen Quelle von Konflikten werden, als die fundamentalistischen Rituale der Verfeindung in Gang gekommen waren. Der ethnisch-kulturelle Identitäts-Wahn konnte in vielen Gesellschaften Osteuropas die Nachfolge des fundamentalistisch zugespitzten leninistischen Marxismus übernehmen, weil er dessen Grundstruktur der Herrschaft aus Erkenntnisgewissheit teilte, und er musste dessen Nachfolge antreten, weil die alten Politiker neue Rezepte benötigten, um sich auf fast die alte Weise an der Macht zu halten. Vielleicht werden in Osteuropa die Wunden, die dieser Wahn einer „Identität als Hysterie" schlägt, erst nach Generationen heilen[55]. Er war sehr viel weniger eine Eruption der Volksseele als vielmehr ein Fabrikat verantwortungsloser Politik, die alles Andere ihrem Machtwillen unterzuordnen bereit war. Die in einigen osteuropäischen Ländern in jüngster Zeit zu beobachtende Etablierung einer kulturellen Hauptkonfliktlinie in der Gesellschaft zwischen den „Eigenen" und den „Verwestlichern", die als eine Art kultureller Fremdlinge und Verräter gebrandmarkt werden, hat mit der Parlamentswahl 2010 in Ungarn die ganze Gesellschaft erfasst und begonnen, die Substanz der rechtstaatlichen Demokratie in Frage zu stellen[56].

Säkularer Gemeinschafts-Fundamentalismus

Erlösung als Wissenschaft

Der ideologische Fundamentalismus in Gestalt des „wissenschaftlichen Sozialismus", der einen Teil der europäischen Linken ein Jahrhundert

---

[54] Krelle 1997:116f.
[55] Konrád 1993
[56] Markus 2010

lang beflügelt hat, scheint heute durch Widerlegung erloschen[57]. Nur noch in winzigen Rinnsalen der intellektuellen Deutungskultur und marginalen Protestkulturen scheint er zu überleben. Nahezu ein Jahrhundert lang war er mit der stolzen Verheißung der endgültigen Überwindung aller menschlichen Entfremdung ein bedeutender Bestandteil des europäischen Geisteslebens und der Arena der politischen Kämpfe. An die Stelle der Entzweiung der Menschen untereinander und des Individuums von der Gesellschaft sollte ihre vollendete Identität als Gattungswesen treten, eine harmonische Gesellschaft der Gleichen, die ihre individuellen Interessen aus Einsicht mit dem Allgemeinen verschmelzen. Aus dem öffentlichen Diskurs ist dieser ursprünglich auf das Wohl der Gemeinschaft ausgerichtete Fundamentalismus fast ganz verschwunden. Selbst in den großen Massenorganisationen der linken Parteien und Gewerkschaften, die er lange beseelte und mit Energien speiste, hat er kaum Spuren hinterlassen, nur noch an den Rändern der radikalen Linksparteien in Deutschland und anderen europäischen Ländern.

Dieser weltanschaulich-politische Fundamentalismus hatte die menschliche Erniedrigung und Entzweiung des Frühkapitalismus mit der die Massen mobilisierenden prophetischen Verheißung bekämpft, die Emanzipation der Gesellschaft von Herrschaft und Unterdrückung sei nur als die radikale Erlösung vom Übel menschlicher Entfremdung möglich, die gleichwohl fern aller religiösen Spekulationen auf rein wissenschaftlicher Grundlage vorausgesagt und angestrebt werden könne. Dieser säkulare Fundamentalismus baute seine Denkmuster und Machtstrukturen, die dem modernen religiös-politischen Fundamentalismus in Vielem weitgehend gleichen, auf historisch-moralischen Gewissheitsansprüchen auf, die sich in einer Reihe von Varianten Geltung verschafften: vom frühen Marx, Engels und Kautzky bis zu Lenin, Lukács und Trotzki[58].

Die europäische Linke hat in einem ihrer Hauptströme die historische Kritik an einer hemmungslos individualistisch geprägten Wirtschaftsordnung und Gesellschaft, die entgegen ihrem eigenen Anspruch der Mehrheit ihrer Glieder Freiheit, Gleichheit und Menschenwürde verweigerte, mit dem Gegenentwurf einer sozialistisch-kommunistischen Gemeinschaft gekrönt, der durch und durch fundamentalistisch geprägt

---

[57] Meyer 2008
[58] Eisenstadt 1998:81 ff

war[59]. Er gipfelte in dem mit historisch-wissenschaftlichen Gewissheitsansprüchen untermauerten Versprechen, am Ende des sozialistischen Emanzipationskampfes gegen den Kapitalismus könne nur eine Gesellschaft stehen, in der durch die vollkommene Überwindung allen Privateigentums an den Produktionsmitteln, Herrschaft und Entfremdung, Ungleichheit und Unfreiheit, ja alle Widersprüche zwischen den Menschen untereinander und zwischen jedem einzelnen von ihnen und der Gesellschaft überwunden sind. Dies war die dem religiösen Jenseits-Versprechen mit den Mitteln des säkularen Naturwissenschaftsdenkens nachgebaute Vision einer erlösten Gemeinschaft, in der alle Einzelnen mit allen Anderen und mit sich selbst eins wären. Fundamentalistisch an dieser politischen Ideologie war der absolute Gewissheitsanspruch und der aus ihm abgeleitete diktatorische Herrschaftsanspruch der leninistischen Tradition, die mit der Lehre vom „wissenschaftlichen Sozialismus" auf einem vermeintlich unbezweifelbaren, in Analogie zum eindimensionalen Naturwissenschaftsverständnis des 19. Jahrhunderts verstandenen Erkenntnisanspruch beruhte.

Obgleich die Erlösungsvision selbst in der frühen, marxistisch geprägten europäischen Arbeiterbewegung eine weitreichende Resonanz fand, wurden die für den politischen Fundamentalismus kennzeichnenden Konsequenzen einer vollständigen intellektuellen Geschlossenheit und der monopolistisch-diktatorischen Herrschaftspraxis allein in ihrem leninistisch geprägten Teil gezogen. Für den demokratisch geprägten Hauptstrom der sozialdemokratischen Arbeiterbewegung hingegen spielte die historische Erlösungsvision bis zu ihrem endgültigen Erlöschen nach dem Zweiten Weltkrieg nur die Rolle einer beflügelnden Motivation im politischen Kampf um die vollständige Demokratisierung der Gesellschaft, zu keinem Zeitpunkt aber die einer Ermächtigung zu Bevormundung und Minderheitsherrschaft der „Wissenden".

Erlösung durch Gemeinschaft

Es war der Kern dieser Botschaft, dass eine radikale Form der menschlichen Emanzipation möglich sei, die zugleich Erlösung von gesellschaftlicher Entfremdung brächte. Als diese Botschaft ihre erste große Blütezeit

---

[59] Heimann 1989

erlebte, gegen Ende der Bismarckschen Sozialistengesetze, hatte Ferdinand Tönnies die beiden Schlüsselbegriffe auf berühmt gewordene Weise idealtypisch kontrastiert.

„Die Theorie der Gesellschaft konstruiert einen Kreis von Menschen, welche, wie in Gemeinschaft, auf friedliche Art nebeneinander leben und wohnen, aber nicht wesentlich verbunden, sondern wesentlich getrennt sind...". „Die Theorie der Gemeinschaft geht solchen Bestimmungen gemäß von der vollkommenen Einheit menschlicher Willen als einem ursprünglichen oder natürlichen Zustande aus, welcher trotz der empirischen Trennung und durch dieselbe hindurch sich erhalte..."[60].

Gerechtigkeit der Verteilung und der Teilhabe waren die Losungsworte für die Tagespolitik. Eine menschliche Gemeinschaft, die über alles hinaus, was Gerechtigkeit vollbringen kann, die Individuen zu einer substantielleren Einheit verbinden würde, lautete das historische Versprechen, das die Bewegung im Namen der Geschichte jenseits aller Tagespolitik machte.

Bei den Kommunisten sollte diese Gemeinschaft auf geheimnisvolle Weise aus einer politischen Diktatur auf der Grundlage eines unanfechtbaren Weltanschauungsmonopols hervorgehen, bei den demokratischen Sozialisten des 19. und frühen 20. Jahrhunderts hingegen als Qualitätssprung aus der Summe der vielen Reformen im Rahmen der rechtsstaatlichen Demokratie entstehen. Über die alles entscheidenden Gegensätze in der Wahl des Weges hinweg, Diktatur oder Demokratie, Gewalt oder Verständigung, war es doch diese historische Hoffnung, die fast alle Strömungen der Linken bis in die Mitte des 20. Jahrhunderts auf kennzeichnende Weise miteinander verband und vom Rest der „bürgerlichen" Parteien unterschied. Der kleine innersozialistische Gegenstrom der Revisionisten, die schon seit der Wende zum 20. Jahrhundert ahnten, dass mit der Aufnahme von liberalem Verfassungsdenken und gesellschaftlichem Realitätsprinzip die radikalen gesellschaftlichen Harmoniehoffnungen auf immer verabschiedet werden müssten, hat zwar das Handeln der meisten sozialdemokratischen Politiker bestimmt, aber bis gegen Ende des Zweiten Weltkriegs nicht den Geist der Bewegung.

Der fundamentalistische Teil der Linken hat den Schock der endgültigen Ernüchterung erst mit dem Zusammenbruch des Sowjetsystems

---

[60] Tönnies 1887:8,39

erfahren. Nun scheint das Realitätsprinzip unumkehrbar jeder beschwichtigenden Interpretation entzogen. Rechtsstaatliche Demokratie bedeutet nun einmal die Anerkennung prinzipieller politischer Differenz und damit, wie auch immer reguliert und gebändigt, eines unaufhebbaren Maßes an Konflikt und Entfremdung. Solidarität und soziale Gerechtigkeit, unvermindert die Identität stiftenden Ziele der demokratischen Linken, können nur in diesem Rahmen Geltung erlangen. Der lange in den Traditionen des leninistisch geprägten Kommunismus so barbarisch missbrauchte Traum einer erlösten Gesellschaft am Ende der menschlichen Geschichte ist ausgeträumt, auch wenn die Anlässe, die ihn einst erzeugt und ein Jahrhundert lang genährt hatten, im Zeichen einer ungehemmt libertären Globalisierung von Wirtschaft und Gesellschaft aufs Neue anwachsen. Als Gegenmacht und in den gesellschaftlichen Inseln kleiner Gruppen bleibt die Idee einer vollendeten Gemeinschaft lebendig, als große Alternative zur Gesellschaft der Getrennten ist ihre historische Kraft erloschen und erst recht die Glaubwürdigkeit der Beteuerung, die Geschichte selbst arbeite mit Gesetzesmacht auf sie hin. Der linke Fundamentalismus ist fürs erste erschöpft. Sein Erbe hat in vielen Teilen der Welt der religiös-politische Fundamentalismus angetreten, dessen Strukturen und dessen Gewissheitsdenken dem seinen oft aufs Haar gleichen, obgleich die eigentlichen Glaubensinhalte natürlich gänzlich andere sind.

Ideal-Typen des Fundamentalismus

Fundamentalismus erweist sich nach alledem als eine politisch-kulturelle Verarbeitungsform grundlegender Modernisierungskrisen. Je nach der zentralen Dimension der jeweiligen Krisenerfahrung und je nach den politisch-kulturellen Rahmenbedingungen ihrer Verarbeitungsmöglichkeiten lassen sich vier Grundtypen fundamentalistischer Bewegungen erwarten:

I. Dimension: Typ der primären Krisendimension

a. *Sozial-ökonomisch.* Unter Bedingungen sozial-ökonomischer Existenzkrisen ohne soziale Grundsicherung und ohne vertrauenswürdige

Ideal-Typen des Fundamentalismus 71

politische Eliten, die absehbare Abhilfe versprechen, ist, vor allem in Entwicklungsländern, eher der Typ des *revolutionären, gewaltbereiten Fundamentalismus* zu erwarten, der nach der politischen Macht greift, um eine andere Gesellschafts- und Staatsverfassung auf der Grundlage der jeweilig vorherrschenden fundamentalistischen Ideologie zu errichten (Beispiele: Iran in den 70er Jahren, Algerien in der Gegenwart[61]).

b. *Sozial-kulturell.* In sozial und ökonomisch relativ gesicherter Lage, aber der existentiellen Erfahrung gefährdeter sozio-kultureller Identitätssicherung, ist, vorrangig in sozial-ökonomisch hoch entwickelten Gesellschaften, eher ein *parallelgesellschaftlicher Fundamentalismus* wahrscheinlich, bei dem die partikuläre Gemeinschaftsbildung, sei es in eigenen Milieus, Teilgesellschaften oder Sekten im Vordergrund steht, mit nur gelegentlichen und auf einzelne Problembereiche bezogenen nicht-demokratischen, notfalls auch gewaltbereiten Interventionen in die reguläre Gesellschaft und das politische System (Protestantischer Fundamentalismus in den USA, Migranten-Fundamentalismus, religiös-politische Sekten).

II. Dimension: politisch-kultureller Bezugsrahmen

c. *Lange liberal-demokratische Tradition.* Fundamentalismen, die sich innerhalb von Gesellschaften mit einer langen Tradition liberaldemokratischer Kultur ausbilden, neigen eher zur Mäßigung in dreifachem Sinne. Sie respektieren im Großen und Ganzen den demokratischen Rahmen, sie verfechten nur einzelne politische Ziele im Kernbereich ihrer kulturellen Identitätspolitik, dies aber in militanter Form, sie konzentrieren sich eher auf eine indirekte Einflusspolitik als auf konfrontative Strategien. Da sie in ihren Gesellschaften in absehbarer Zeit weder die reale Chance der politischen Machtergreifung haben noch eine entsprechende Strategie offensiv verfolgen, bleiben sie *peripherer Fundamentalismus* (Protestantischer Fundamentalismus in der USA, rechter Ethno-Fundamentalismus in den meisten eu-

---

[61] Volpi 2003

ropäischen Demokratien, Hindu-Fundamentalismus in Indien, Islamismus in der Türkei).

d. *Keine oder kurze liberal-demokratische Tradition.* Gesellschaften mit kurzer oder ohne liberal-demokratische Tradition der politischen Kultur sind in der Regel, aber keineswegs stets, solche, in denen fundamentalistische Strömungen zudem durch massive sozio-ökonomische Existenzkrisen forciert werden. In ihnen gelingt es fundamentalistischen Bewegungen daher in der Regel durch ein breite Massenmobilisierung und angesichts der Schwäche bzw. der Glaubwürdigkeitsprobleme der politischen Institutionen, mit Aussicht auf Erfolg nach der politischen Macht im Staate zu greifen (Deutschland in der Weimarer Republik, Iran, Ägypten, Sudan, Algerien, Pakistan). In ihnen bildet sich darum häufig eine Form des *zentralen Fundamentalismus* aus.

Wie bereits die angeführten Fallbeispiele zeigen, überlappen sich die beiden Kriteriengruppen einerseits zum Teil und sind andererseits überkreuz kombinierbar. Daraus ergeben sich zahlreiche Misch- und Übergangsformen der jeweils betroffenen Fundamentalismen selbst. Die vier Kategorien stellen daher nur idealtypische Pole der tatsächlichen Variationsmöglichkeiten des Fundamentalismus dar. Ihnen allen ist, wenn auch in unterschiedlicher Intensität und Akzentuierung, die Kerneigenschaften des „fundamentalistischen Impulses" gemeinsam.

3 Ursachen und Folgen des Fundamentalismus

Fundamentalismus als Gegen-Globalisierung

Die Dialektik der Modernisierung

Der amerikanische Politikwissenschaftler Benjamin Barber beschreibt den Fundamentalismus vor allem als eine Folge der ökonomischen und kulturellen Globalisierung[62]. Die globalisierte Welt wird zunehmend von einer auf Dominanz angelegten und gewaltträchtigen Dialektik beherrscht. Dem immer hemmungsloseren Vordringen des amerikanischen Way of Life, verkörpert in seinen kulturellen Schlüsselsymbolen MTV, McDonalds, Nike und Coca-Cola, widersetzen sich in allen Kulturen am leidenschaftlichsten und wirkungsvollsten die Gegenmächte des Fundamentalismus. Sie beziehen ihre immensen Energien aber überhaupt erst aus dem amerikanisch dominierten Weltmarkt und verschaffen diesem dann wider Willen durch ihre eigenen bedrohlichen Erfolge die Legitimation für sein weiteres Voranschreiten. Daraus ergibt sich eine symbiotische Verbindung zwischen den beiden globalen Trends der Gegenwart, der Entgrenzung der Märkte und dem Erstarken des Fundamentalismus, die häufig als beziehungslose Gegenentwicklungen missverstanden werden.

Die kulturelle Globalisierung schreitet voran. Die amerikanisch geprägte Einheitskultur kann sich immer rascher über den ganzen Globus ausbreiten seit der Weltmarkt selbst universell geworden ist und auch noch die letzten Barrieren für die Verbreitung von Gütern und Dienstleistungen niedergerissen hat. Kommunikation, Information, Unterhaltung und Handel überschreiten die letzten Grenzen und dringen in die äußersten Winkel lokaler Kulturreservate vor. Das erzeugt den ebenso machtvollen und weltweiten Trend zur Selbstverhärtung lokaler kultureller Identität, die sich aggressiv gegen die Globalisierung und die Importe

---

[62] Barber 1995

fremder Kulturen aus allen Teilen der Welt wendet, deren Ausbreitung auf die Vernichtung der lokalen Kulturen zielt. Universelle Märkte bringen lokalen Stammeshass hervor, die weltweite Kirche der globalen Ökonomie produziert in ironischer Verkehrung die Stammespolitik der partikularistischen Identitäten. Die „blutlose Ökonomie des Profits" gebiert – ohne es zu ahnen – die „blutige Identitäts-Politik" der Fundamentalisten[63]. *Jihad* ist in Barbers Szenario der Name für die Suche nach lokaler kultureller Identität gegen den Weltmarkt, *McWorld* in einer der Lesarten bei Barber das Symbol für den Weltmarkt selbst und die kulturellen Produkte, die er in grenzenlosem Eifer in alle Winkel des Globus verteilt. Beide sind ineinander unauflöslich verstrickt und führen einander die Lebensenergien zu.

Die Invasion der Kultur-Ikonen

Damit beschreibt Barber ein zentrales Element der Dialektik zwischen Fundamentalismus und Moderne. Eine verdeckt bleibende Doppeldeutigkeit in beiden Schlüsselbegriffen, das Widerspiel einer zweiten Deutungsweise, schwächt allerdings die Überzeugungskraft dieses eleganten Modells, das in wichtigen Grundzügen einige der entscheidenden globalen Wechselwirkungen sichtbar macht. Jihad ist für Barber nämlich beides, die bloße kulturelle Selbstbehauptung einer Region gegen den Triumph der McDonalds-Kultur und deren fundamentalistische Extremform. Und McWorld bedeutet einerseits nur die Globalisierung der Weltmärkte und andererseits die durch ihre ökonomische Übermacht gestützte weltweite Hegemonie der amerikanischen Trivialkultur, die durch sie möglich wird. Die Hauptfaktoren dieses Szenarios scheinen zunächst deutlich markiert. Der Weltmarkt untergräbt durch die neuen Wahlmöglichkeiten, die er schafft, und die Mobilität, die er erzwingt, die Grundlagen aller geschlossenen lokalen Kulturen und regionalen Identitäten. Gemeinsame Märkte begünstigen gemeinsame Handlungsorientierungen. Die Kultur prägenden ikonenhaften Güter, die der Weltmarkt in alle Winkel des Globus trägt, sind aber keine neutralen Handelsartikel, die das eine Mal aus dem einen Land in das andere und das nächste Mal in der Gegenrichtung zirkulieren. Es sind vielmehr in der Hauptsache die Produkte der

---

[63] Barber 1995:8

amerikanischen Ökonomie, die immer auch symbolische Schablonen des amerikanischen Lebensstils sind. Nike und McDonalds, MTV und Coca-Cola sind als materielle Güter zugleich immaterielle Symbole, in denen sich eine Lebensweise verdichtet und ausprägt. Der Import von Coca-Cola in die Philippinen oder China bedeutet unweigerlich auch einen Angriff auf die Tee-Kultur der lokalen Tradition, mit den besonderen sozialen Situationen und Zeitabläufen, der Ortsgebundenheit und der Gültigkeit alter Überlieferungen, die sie voraussetzt. Die Schlüsselprodukte des Weltmarkts sind symbolische Güter, die in sich selbst die Tendenz zur Auflösung lokaler Kulturen bergen. Sie sind „Vehikel von Ideologien", „Ikonen des Lebensstils" und letzten Endes als bloße Güter zugleich hegemoniale kulturelle Strategien[64].

Musik, Videoclips, Bücher, Theater, Themenparks bringen als Imageexporte aus einer einzigen Kultur die weltweite Angleichung des Geschmacks und der Lebensstile hervor. Der Weltmarkt macht dies möglich und lebt davon. An die Stelle der alten Großideologien mit ihren diskursiven Weltdeutungen und utopischen Versprechungen tritt die „*Videology*" mit ihren Bildern und Sofortgenüssen. Während ehedem Konsum und Werbung nur auf die Körper zielten, ist der symbolische Kosmos von McWorld auf die Seelen der Menschen gerichtet. Die weltweite Verbreitung dieser ikonischen Einheitskultur ist der größte Feind der lokalen Kulturen in allen Teilen der Welt, aber zugleich profitieren die Mächte, die an der Selbstbehauptung der lokalen Kultur gegen McWorld arbeiten, von den globalen Kommunikationsnetzen, die sie zur Steigerung der Wirksamkeit ihrer eigenen Propaganda nutzen. Zudem erzeugen die ungerechten Verteilungsmechanismen des Weltmarktes eine immer größere Kluft zwischen Reich und Arm. Die Empörung der Betrogenen steigert ihr Misstrauen gegen die Weltökonomie und ihre Empfänglichkeit für die Botschaften von Jihad gleichermaßen.

Der demokratischen Selbstbestimmung der Nationen sind beide, Jihad und McWorld, gleichermaßen entgegengesetzt, wenn auch mit verschiedener Stoßrichtung und aus unterschiedlichen Gründen. Der Weltmarkt entzieht den nationalen Regierungen die Entscheidungsmacht über grundlegende Wirtschaftsfragen, und Jihad macht gegen die Ideen von Demokratie und Selbstbestimmung mobil. McWorld befreit die Nationen

---

[64] Barber 1995:17

aus ihrer Isolierung, aber nur, um sie in neue Abhängigkeiten zu stürzen. Es macht alle Grenzen durchlässig, aber so, dass auch Jihad von der Erweiterung der Aktionsräume profitiert, durch Kommunikation und Kooperation mit Gleichgesinnten anderswo oder durch erweiterte Mobilität in den eigenen Handlungsräumen.

McWorld, weil es mit seinen Produkten auf die Seelen der Menschen zielt, verleibt sich nicht nur Versatzstücke der Religionen aus aller Welt ein, es kann sogar noch die Botschaften und Einstellungen, die Symbole und Sehnsüchte der Fundamentalisten zur Ware machen und damit in sein eigenes System des globalen Symbolhandels einbeziehen. Letztendlich hat die universelle amerikanische Kultur die Macht, sich die Bestrebungen und Sinnversprechen des Fundamentalismus einzuverleiben und damit über ihn zu triumphieren. Jihad steht genau betrachtet nicht in Opposition zu McWorld, sondern erweist sich als ein Kontrapunkt seiner Entwicklung, eine dialektische Antwort auf die Modernisierung, die eben darum zur Modernisierung selbst noch hinzugehört; Jihad *durch* statt *gegen* McWorld. „Jihad ist der nervöse Kommentar der Moderne zu sich selbst"[65].

Globalisierung und Fundamentalismus als siamesische Zwillinge

Barber rechnet damit, dass die hartnäckigste Form des politischen Fundamentalismus sich in der islamischen Kultur festsetzen wird, da diese dessen Geburtsstätte und Heimat sei. Fundamentalismus sei einer der Wesenszüge des Islam, dieser daher mit Demokratie nicht verträglich. Gleichwohl sei denkbar, dass aus Widerstandsenergien, die Jihad jeweils vor Ort, in den von der Zerstörung bedrohten Lebenswelten und Kulturen der Übermacht von McWorld entgegensetzt, das ja mit den nationalen Demokratien und den gesellschaftlichen Lebenszusammenhängen auch die Selbstbestimmungsfähigkeit der Menschen bedroht, ein „demokratischer Jihad" werden könnte, der dazu beiträgt, den wilden Kapitalismus zu zähmen[66]. Das Zentrum und der Weg des Widerstands gegen die beiden miteinander widerspruchsvoll verschlungenen Mächte, die in der gegenwärtigen Welt überall gleichermaßen und gemeinsam Demokratie

---

[65] aaO.: 17
[66] aaO.: 232

und Selbstbestimmung bedrohen, kann für Barber nur der Aufbau einer weltweiten Zivilgesellschaft sein, die außerhalb der Institutionen des Nationalstaats und ohne Bindung an seine zu eng gewordenen Grenzen die kulturelle, soziale und politische Selbstbehauptung der Menschen auch in der gegenwärtig erreichten Epoche der Modernisierung wieder möglich macht.

Barber führt in seinem Szenario vor Augen, in welchem Maße die ökonomische und kulturelle Globalisierung den Fundamentalismus nährt und dieser dann wieder die weitere Globalisierung forciert. Er beschreibt die Wirkungsweise einiger Kräfte, die das neue Wechselverhältnis von Kultur und Politik dominieren. Im Mittelpunkt dieser Dynamik stehen die Auswirkungen von „Kulturimperialismus" und wirtschaftlicher Ungleichheit auf die Wahrnehmung der westlichen Kultur in vielen Teilen der Welt und das durch sie erzeugte Verlangen, sich im Widerstand gegen sie radikal auf die eigenen kulturellen Kräfte zu besinnen, denn die kulturellen Verheißungen werden für die allermeisten Menschen durch die massiven Ungleichheitswirkungen der Märkte beständig dementiert. Für das Verständnis des Wechselspiels zwischen globalisierter Kultur und Fundamentalismus ist zudem die Beobachtung aufschlussreich, dass die Fundamentalismen überall auf der Welt von eben denselben globalisierten Kommunikationsstrukturen für ihre eigene Kampagnenfähigkeit profitieren, die doch für den Transport der kulturellen Fracht geschaffen wurden, gegen die sie sich zur Wehr setzen. Nicht selten werden von fundamentalistischen Terroristen Anschläge in entlegenen Winkeln der Welt ja so geplant, dass sie in Echtzeit in den Massenmedien überall auf der Welt präsent sind und damit sowohl die Anhängerschaft im eigenen Land wie die Weltöffentlichkeit und die maßgeblichen politischen Akteure aufschrecken. Da Barber seine Analyse aber auf nur zwei Grundbegriffe stützt, Jihad für den Fundamentalismus und McWorld für den amerikanisch dominierten Weltmarkt, während er für die Erklärung der Dialektik tatsächlich auf vier deutlich unterschiedene Sachverhalte und ihre Wechselwirkungen zurückgreifen muss, ergeben sich zwangsläufig Uneindeutigkeiten und Überzeichnungen im Gesamtszenario. Es erklärt häufig gleichzeitig zu viel und zu wenig.

Es gibt ja zum einen den globalisierten Weltmarkt, der je nach Machtverteilung, im Hinblick auf das Gewicht der transnationalen Konzerne und der Fähigkeit der Weltgesellschaft, soziale, ökologische und politische Grenzen zu setzen, sehr unterschiedliche Wirkungen entfalten kann und zwar, wie vor allem ehedem die japanischen und gegenwärtig die chinesischen Exporterfolge zeigen, durchaus auch in der Gegenrichtung. Und es gibt die amerikanische Trivialkultur, das eigentliche McWorld, die sich, keineswegs ohne entgegenkommende Neigungen in den jeweiligen Gastgesellschaften, in den vom Weltmarkt vorbereiteten Bahnen in die Poren aller Kulturen ergießt. Doch beides ist nicht das Gleiche. Es gibt außerdem einen Willen zur kulturellen Selbstbehauptung gegen den eindringenden amerikanischen Lebensstil, der keineswegs fundamentalistisch ist, und es gibt den militanten Fundamentalismus, der das durchaus legitime Interesse an kultureller Selbstbehauptung für seine eigene Identitätspolitk instrumentalisiert, häufig durchaus ohne besondere Einwände gegen die Ökonomie der Weltmärkte. Barbers Szenario erklärt daher nicht, worin der Unterschied zwischen offenen Formen kultureller Selbstbehauptung und fundamentalistischer Identitätspolitik besteht, wie er unter den von ihm genannten Bedingungen zu erklären ist und unter welchen Umständen die erste in die zweite umschlägt. Er kann infolge der Gleichsetzung von Weltmarkt und McWorld auch keine Perspektive der sozialen, politischen und ökologischen Domestizierung des Weltmarktes ins Auge fassen, weil der Weltmarkt mit einer bestimmten Form seiner Dominanz von vornherein gleichgesetzt wird. Das anti-institutionalistische Gegenrezept einer weltweiten Zivilgesellschaft erscheint gleichermaßen sympathisch und hilflos angesichts der organisierten und weltweit mobilen, hochgradig institutionell verdichteten Mächte von Wirtschaft und Politik. Die großen Spielräume werden nicht sichtbar, die der realistisch beschriebene Haupttrend im Wechselverhältnis von Kultur und Politik ja trotz allem für kulturell und politisch verantwortungsvolles Handeln lässt.

Fundamentalismus als Widerstandsenergie

Manuel Castells hingegen markiert den wichtigsten Unterschied zwischen den Grundtypen fundamentalistischer Identitätspolitik und ihrem Entwicklungspotential. Entscheidend ist ihm zufolge, ob sie nur den Widerstand gegen eine von außen oktroyierte kulturelle und ökonomische

Übermacht motivieren und mit Energien versorgen oder als die tragende Legitimationsideologie für eine neue politische Ordnung wirksam werden[67]; ob sie als negative, niederreißende, oder positive, Institutionen schaffende Macht in Erscheinung treten.

Die globale Netzwerkgesellschaft der Gegenwart ist für Castells eine historisch neuartige Konstellation, die jedoch weiterhin durchgängig kapitalistisch strukturiert ist. Es sind zwei Charakteristika, die sie von früheren Epochen unterscheidet: ihre vollendete Globalität und die Zentralität der Finanzströme für das Funktionieren aller Teilnetzwerke. Das Finanzkapital bleibt dominant, aber es folgt nicht mehr den Kommandos zentralisierter Kapitaleigner und auch nicht denen der Manager, sondern den in den Netzwerken generierten Informationsflüssen selbst, die diese nur noch zu vollstrecken haben. Das globale Finanznetzwerk als Netz aller Netze strukturiert das Verhalten der Beauftragten des Kapitaleigentums, weil sie dem globalen Netzwerk und seiner Logik immer folgen müssen, wenn sie nicht scheitern wollen. Herrschaft wird durch den „gesichtslosen kollektiven Kapitalisten" ausgeübt, der aus den elektronischen Netzen und den durch sie dirigierten Kapitalflüssen hervorgeht. Während der globale Kapitalismus sich der Einflussnahme und der Zurechnung von Verantwortung als gesellschaftliche „Meta-Unordnung" entzieht, bleibt die menschliche Arbeit ortsgebunden, vereinzelt in ihrer realen Durchführung, fragmentiert in ihrer Organisation, in ihren Existenzformen diversifiziert und in ihrem Kollektivcharakter zersplittert und zerteilt. Sie verliert ihren identitätstiftenden Charakter und wird in ihren Arbeitsbedingungen, Handlungspotentialen und Interessenslagen zunehmend individualisiert. Die im Prozess des globalen Kapitalismus bewirkte Differenzierung der Arbeit führt zur Segmentierung der Arbeitnehmerschaft und zum Verlust ihrer Einheit als Akteur im globalen ökonomischen Prozess.

Kapital und Arbeit tendieren zunehmend dazu, in unterschiedlichen Räumen und Zeiten zu existieren. Während das Kapital im Raum der globalen Ströme (*space of flows*) und in der Jetztzeit der computerisierten Netzwerke wirkt, bleibt Arbeit an den Raum der konkreten Orte, an die natürliche Zeit und das alltägliche Leben gebunden. Während das Metanetz der Kapitalflüsse Lebenswelten, Lebensorte, soziale Beziehun-

---

[67] Castells 2002

gen, kulturelle Lebensformen und Identitäten bedroht und als anonymes Netz dabei nicht einmal zur Verantwortung gezogen und zur Änderung seiner Handlungsweise veranlasst werden kann, fällt Arbeit als aussichtsreiche Gegenmacht, aus der ein anderer Gesellschaftsentwurf hervorgehend könnte, aus. Als fortschreitend individualisierte hat sie gegen das global organisierte Kapital keine reale Handlungsmacht und entfällt damit in der globalisierten Ökonomie als soziales und politisches Subjekt. Daher treten an ihre Stelle nun kulturell verfasste Kollektiv-Subjekte des Widerstands und der Umgestaltung. Der alte Klassenkonflikt wird transformiert in „den fundamentaleren Gegensatz zwischen der nackten Logik des Kapitals und den kulturellen Werten der menschlichen Erfahrung"[68].

Eine der ersten und wesentlichen Auffangpositionen gegen die globale Netzwerkgesellschaft ist die Grundlage des lokalen politischen Fundamentalismus: die Macht der Identität[69]. Unter Identität versteht Castells den Prozess der sozialen Konstruktion von Sinn, bei dem den kulturellen Merkmalen ein Vorrang vor anderen Merkmalen der betreffenden Gruppen gegeben wird. Dieser Sinn stiftet die Einheit in der Vielfalt der sozialen Rollen eines Individuums und definiert die Zwecke seiner Handlungen. In der globalen Netzwerkgesellschaft spielen drei Formen soziokultureller Identität die Schlüsselrolle.

Erstens: die legitimierende Identität. Diese Form geht von den dominanten gesellschaftlichen Institutionen, vor allem der Nation, aber auch der Zivilgesellschaft aus und verleiht ihnen Rechtfertigung.

Zweitens: die Widerstands-Identität. Sie wird von solchen Gruppen ausgebildet, deren sozio-kulturelle Integrität durch den Prozess der im globalen Netzwerk angelegten Unterwerfung entwertet oder verletzt wird. Sie bilden daraufhin identitätspolitische Bastionen ihres Überlebens und des Widerstandes gegen die Bedrohung aus. Das ist die fundamentalistische Variante von Identitätspolitik als Machtstrategie.

Drittens: Projekt-Identität, bei der die jeweiligen Kollektive ihre Identität auf kultureller Grundlage neu definieren und zum Ausgangspunkt für die Umgestaltung der ganzen Gesellschaft nehmen, als Frauenbewegung, Schwulen- und Lesbenbewegung, Ökologiebewegung. Sie

---

[68] Castells 2000:80 (diese und die folgenden Übersetzungen der Zitate vom Verf. TM)
[69] Castells 2002:10

zielt auf die Schaffung neuer wirtschaftlicher, gesellschaftlicher und sozialer Verhältnisse und deren normative Begründung. Fundamentalistische Widerstands-Identität ist demzufolge „der Ausschluss der die Anderen Ausschließenden durch die Ausgeschlossenen"[70]. Nachdem die Arbeiterbewegung infolge der lokalen Zersplitterung der Arbeit als Akteur gesellschaftlicher Transformation unter den Bedingungen der ökonomischen Globalisierung entfällt und das staatsbürgerschaftliche Engagement in der Zivilgesellschaft nicht in der Lage ist, über die den status quo sichernde *legitimierende Identität* hinauszuweisen, gewinnt die *fundamentalistische Widerstands-Identität* eine Schlüsselbedeutung. Sie allein ist noch in der Lage, die Energien, kulturellen Orientierungen und Subjekte zu erzeugen, aus denen Projekte der politischen Transformation der Netzwerkgesellschaft hervorgehen können. Nicht das zivilgesellschaftliche Engagement, sondern die Zentren des fundamentalistisch motivierten Widerstands schaffen politische Bewegungen, die eine Rückgewinnung der sozialen und kulturellen Kontrolle über die anonymen Prozesse der Netzwerkgesellschaft ermöglichen. Die Identitätspolitik der Fundamentalisten ist in der globalen Netzwerkgesellschaft Castells zufolge zwar noch nicht selbst die Quelle der politischen Transformation. Aber sie dient als deren allein erfolgversprechender Ausgangspunkt, sofern es ihr gelingt, sich zur produktiven Form einer konstruktiven Projekt-Identität, wie etwa im Falle der Frauen-Bewegung, weiter zu entwickeln, die eine alternative Ordnung zu tragen vermag, die ihrerseits dann nicht mehr fundamentalistisch verfasst ist. Produktiv wird in diesem Verständnis der politische Fundamentalismus folglich als eine transitorische Kraft, eine Macht des Übergangs, aus der die Energien und die Richtung einer kulturell bestimmten Transformation gegen die Übermacht der kapitalistischen Zwänge hervorgeht, die aber ihrerseits nicht die neue Ordnung definieren kann, die daraus hervorgeht.

Plausibel an dieser Analyse erscheint die Erklärung der Unfähigkeit der Repräsentanten der Arbeit, sich als globales Subjekt zu konstituieren, das den globalen Netzwerken des Kapitalismus als ebenbürtiger Kontrahent mit einer eigenen Gestaltungsmacht entgegentreten kann. Das gilt auch für die Beobachtung, dass fundamentalistische Identitätspolitik gegenwärtig als eines der mächtigsten Widerstandspotentiale gegen die

---

[70] Castells 2002:11

Verletzung sozio-kultureller Identitäten als Folge des ungeregelten Globalisierungsprozesses wirkt. Die realhistorischen Beispiele, exemplarisch im Falle des Iran, zeigen aber, dass es immer unsicher bleibt, ob fundamentalistische Kollektive der Widerstandsphase sich in ihren Zielsetzungen, ihrer gesellschaftlichen Bündnisfähigkeit und in ihrem Selbstverständnis zu Kernen für die Organisation einer breiter gestützten Projekt-Identität weiterentwickeln können. Denn sie müssten dann als global orientierte Akteure der kulturell-politischen Umgestaltung auftreten und die repressiven Züge des Fundamentalismus in dem Maße abstreifen, wie sie die Kontrolle über die ökonomischen Zwänge zurückgewinnen und eine andere Ordnung errichten. Castells vermag jedoch in den fundamentalistischen Ideologien und Bewegungen selbst nichts zu identifizieren, was auf ihren späteren spontanen Übergang zu den offenen Formen der Projektidentität hindeutet. Er stellt auch nicht systematisch in Rechnung, dass ein beträchtlicher Teil der Attraktionskraft des Fundamentalismus nicht nur aus seinen starken Widerstandsenergien herrührt, sondern aus den Gewissheiten seiner geschlossenen Denk-und Sozialformen sowie der Verheißung einer auf sie selbst gestützten Heilsordnung, die eine Selbst-Transformation systematisch behindern. Der „Widerstand" in offeneren Denk- und Sozialformen, oft verbunden mit positiven Re-Regulierungsprojekten, ist tatsächlich eher das Kennzeichen eines gewichtigen Teils der sich ebenfalls globalisierenden Zivilgesellschaft.

Die größeren und opferbereiten Widerstandsenergien des Fundamentalismus machen ihn zwar in mancher Hinsicht zum wirksameren politischen Akteur, bieten aber für sich genommen weder eine Grundlage noch die Gewähr für seine von Castells erhoffte Transformation. Sie schließen dies aber, wie etwa der Wandel der zunächst strikt fundamentalistischen indischen Volkspartei (BJP) oder der türkischen Gerechtigkeitspartei unter Tayyip Erdogan gezeigt hat, als sie an der Regierung waren, keineswegs aus. Auch fundamentalistische Formen kulturell-politischer Identitätsbildung sind keine naturwüchsigen Phänomene, sondern wie alle kulturellen Diskursformationen von Widersprüchen geprägt und gegen unvorhergesehene Entwicklungsdynamiken nicht gefeit.

Die Kulturkampfideologie, Stütze des Fundamentalismus

Die Verwechslung von Rechtfertigung und Ursache

Huntingtons Szenario vom unvermeidlichen Kampf der Kulturen enthält die einfachst mögliche Erklärung des Fundamentalismus und gleichzeitig die fatalistischste und düsterste Prognose, die denkbar ist. Seine mittlerweile zu großem Einfluss gelangte Theorie vom unversöhnlichen Kampf der Kulturen als Schicksal der Welt im 21. Jahrhundert ist von einem naturalistischen Kulturverständnis geprägt, das eine substantielle kulturelle Binnendifferenzierung und Dynamik weitgehend ausschließt. Es ist unmittelbar nach dem Zusammenbruch des Sowjetreichs und seiner ideologischen Verheißung in wenigen Jahren zum Rahmen für die ganze gegenwärtige Diskussion über das neu gewichtete Wechselverhältnis von Kultur und Politik in der Welt nach dem Ende des Ost-West-Gegensatzes geworden. Es gewinnt eine vordergründige Evidenz aus zwei Quellen: aus der tatsächlichen Neubelebung von Religionen und Kultur als Bestimmungsfaktoren politischen Handelns und aus der Renaissance des politischen Fundamentalismus in nahezu allen Kulturen der Welt. Die grundlegende Beobachtung, von der Huntingtons Konstruktion ihren Ausgang nimmt, markiert eine neue Tendenz in der innen- und außenpolitischen Entwicklung, die in den Jahrzehnten nach dem Ende des Ost-West-Konflikts zunehmend offenkundig geworden ist. Kulturelle Handlungsmuster, Wertorientierungen und das Bewusstsein kultureller Unterschiede, besonders aber die Rückbesinnung auf ethnische, nationale und religiöse Traditionen haben vielerorts den Platz im politischen Kräftespiel eingenommen, den bis dahin für eine ganze Epoche die großen Ideologien innehatten, deren Kraft und Sprache nun vollends erschöpft scheinen. Die Wechselwirkungen zwischen kulturellen und politischen Kräften bestimmt weltweit die Dynamik des Politischen. Aus dieser Beobachtung leitet Huntington nun in fünf Argumentationsschritten höchst unterschiedlicher Plausibilität sein Kulturkampfszenario ab, das im Grunde auf einer weitgehenden Gleichsetzung von kultureller Identität und Fundamentalismus beruht.

Huntingtons Kulturbegriff, die Säule seiner ganzen Theorie, beruht wie selbstverständlich auf zwei hochproblematischen Voraussetzungen, die der Diskussion entzogen bleiben. Die eine ist die *Herdersche* Kugeltheorie, die andere die *Parsonsche* Wertetheorie der Kultur. Herders Kugeltheorie der vollkommenen Geschlossenheit kultureller Einheiten schließt andere Formen der interkulturellen Kommunikation als die der Fremdheit und des Zusammenstoßes schon konzeptionell aus[71]. Parsons Wertetheorie der Kultur sieht in grundlegenden sozialen Werten, die sich in jeweils anderer Weise ausprägen und zu höchst charakteristischen Mustern verbinden, das konstante Sinnzentrum von Kulturen und die Ursache der Unterschiede zwischen ihnen[72]. Diese Theorie ist als Zugang zum Verständnis von Kulturen und kulturellen Differenzen fruchtbar, da sie mit den sozialen Grundwerten normative Orientierungen beschreibt, die als Brücken Kultur, soziale Lebenswelt und Politik verbinden, sofern dabei das Potential des Wertewandels nicht ignoriert wird.

Huntington führt den vermeintlich unvermeidlichen Konflikt der Kulturen daher auf die Widersprüche zwischen den sozio-politischen Grundwerten der großen Welt-Kulturen zurück. Miteinander unverträgliche Wertüberzeugungen von den Beziehungen zwischen Bürgern und Staat, Gott und Mensch, Mann und Frau, Rechten und Pflichten, Individuum und Kollektiv, Freiheit und Autorität, Gleichheit und Ungleichheit, Eltern und Kindern, geben jeder Kultur ihren spezifischen Sinn und verhindern in ihrer Gegensätzlichkeit Verstehen und Verständigung zwischen ihnen. Sie sind die *fault lines* des Konflikts und liegen wie Bleigewichte konstant und hartnäckig im Mittelpunkt der massiv geschlossenen kulturellen Kugeln, die sie formen und bestimmen und halten sie starr zusammen. Diese Grundwerte strukturieren die Gesamtheit der sozialen Beziehungen in jeder Kultur und geben ihnen Bedeutung und Richtung. Huntington nimmt an, dass jede der von ihm herausgestellten großen religiös bestimmten Kulturen durch eine allein ihr eigentümliche Ausprägung der Grundwerte ihr unwandelbares Profil erhält und dadurch im bleibenden Gegensatz zu allen anderen verharrt.

---

[71] Vergl. Welsch 1994
[72] Parsons 1986

Die Kulturkampfideologie, Stütze des Fundamentalismus

Kulturkampftheorie auf tönernen Füßen

Die unbestreitbare Zunahme der weltweiten Kontakte aller Kulturen untereinander – zwischen Nationen, die von ihnen durchdrungen sind, und innerhalb von Nationen, in denen sie einander mehr und mehr gegenübertreten – schärfe unvermeidlich das Bewusstsein für die Eigenarten der je eigenen Identität und für die Differenz zu den anderen. Reisen und Telekommunikation, Migration und innergesellschaftlicher kultureller Pluralismus vervielfältigen die Kontakte und werden damit zwangsläufig zu Vehikeln interkultureller Entfremdung und Konflikte. Innerhalb der Kulturen finden infolge ihres neu entfachten Selbstbewusstseins radikalisierende Strömungen zunehmend Gehör, die wie der Fundamentalismus die Identität der jeweiligen Kultur besonders pointiert markieren und die Differenz zu den anderen unversöhnlich zuspitzen. Fundamentalistische Varianten des kulturellen Selbstbewusstseins sind in gewisser Weise Repräsentanten kultureller Identität. Sie füllen wirksam und mit starken Energien die Lücken, die das Ende der alten Ideologien und die Schwäche des Nationalstaates in einer globalen Welt aufgerissen haben.

Auch die gesellschaftliche Modernisierung selbst wird mehr und mehr universell. Mit der Auflösung von Traditionen untergräbt sie überall die ursprünglichen Quellen von Identität. Die Suche nach neuen, zuverlässigen Grundlagen der Orientierung wird universell. Identität bilde sich am eindeutigsten in der Unterscheidung vom Anderen. Auch aus diesem Grund liege die politische Definition kultureller Identität in der Konkurrenz zu anderen kulturellen Identitäten nahe. Huntington setzt bei alledem durchgängig voraus, dass eine andere Kultur wahrnehmen, die Unterschiede erkennen, sie ablehnen und sich in der Ablehnung zu ihrem Gegner machen, ein einziger Akt sei, der als Reaktion in jedem Menschen abläuft, sobald Kulturen einander nahe kommen. Dieses an Herder angelehnte Dogma ist die stillschweigende Voraussetzung seiner ganzen Beweisführung. Diese Prämissen lassen keine Wahl: Die globalisierte und kulturell so vielfältige Welt treibt ohne begründete Hoffnung auf Verständigung einem Kampf der Kulturen zu, der nur in Herrschaft und Unterwerfung enden kann. Jede Kultur, besonders der „Westen", sei gut beraten, sich dafür zu rüsten.

Dieses ganze Kulturkampf-Modell steht freilich konzeptionell und empirisch auf tönernen Füßen. Nirgends macht sein Urheber den Versuch, für die Feststellung der unversöhnlichen Unterschiede der Grundwerte zwischen den Kulturen empirische Daten heranzuziehen. Entscheidend dafür wäre ja eine empirisch gestützte Antwort auf die beiden Fragen, ob sich die Wertschätzung von Gleichheit und Freiheit, Individuum und Kollektiv, Gesellschaft und Politik, Ordnung und Spontanität tatsächlich von Gesellschaft zu Gesellschaft so massiv unterscheiden und, falls dies bestätigt wird, ob sich die Grenzlinien der Differenzen mit den religiös bestimmten Kulturkreisen wirklich decken.

Die Sprache der empirischen Forschung

In Wahrheit aber widerlegen die verfügbaren empirischen Daten Huntingtons Modell höchst eindrucksvoll. Besonders aufschlussreich sind in dieser Hinsicht die seit vier Jahrzehnten mittlerweile rund 100 Länder aus allen Kulturkreisen umfassenden Datensammlungen des weltweit führenden amerikanischen Wertwandelsforschers Ronald Inglehart und das Forschungsprojekt des niederländische Sozialwissenschaftlers *Geert Hofstede* zu den Unterschieden kultureller und sozialer Orientierungen in 65 Ländern aus allen Kulturkreisen[73]. Die Grundwerte, die hier untersucht wurden, können gerade im Hinblick auf Gesellschaft, Wirtschaft und Politik den Anspruch erheben, von ausschlaggebender Bedeutung sowohl für die Eigenart der jeweiligen Kultur wie für ihre Vorstellungen vom sozialen und politischen Zusammenleben von Menschen der gleichen und verschiedenartiger kultureller Prägung zu sein.

In Hofstedes Vergleich bezeichnen die sozio-politischen Grundwerte *Gleichheit/Ungleichheit* das Maß, mit dem die Menschen in jeder Gesellschaft bestimmen, wie gleich oder ungleich Macht und der Zugang zu den alle betreffenden Entscheidungen verteilt sein sollen. Die Grundwerte *Individualismus/Kollektivismus* beziehen sich auf das Maß, in dem Menschen darauf eingestellt sind, ihr Leben in individueller Verantwortung zu meistern oder sich in erster Linie als Mitglieder von Kollektiven zu verstehen, denen sie Loyalität schulden. Die Grundwerte *Maskulinität/*

---

[73] Inglehart 1998, Hofstede 1980, 1994

Feminität beschreiben, wenn auch in einer etwas irreführenden Sprache, erstrebenswerte Sozialrollen, die entweder auf dominantes, hartes, konkurrenzorientiertes Auftreten und vorrangiges Streben nach Geld und Status gerichtet sind („maskulin") oder auf mitmenschliches, an Verständigung orientiertes Auftreten und die Wertschätzung guter Sozialbeziehungen („feminin"). Der Grundwert größtmöglicher *Unsicherheits-Vermeidung* (*uncertainty avoidance*) entspricht der Wertschätzung unflexibler, eindeutig festgelegter sozialer und politischer Verhältnisse, in denen möglichst wenig offen bleibt. Ungewissheit wird als Bedrohung erfahren, umfassende Regelungen und Festlegungen gelten als erstrebenswert. Offenkundig entspricht ein hoher Wert hier der Anfälligkeit für Fundamentalismus. Der Grundwert der *Langfrist-/Kurzfrist-Orientierung* unterscheidet zwischen der Wertschätzung eines Verhaltens, das auf die Zukunft gerichtet ist und darum vorrangig Beharrlichkeit, Sparsamkeit und die Sicherung des eigenen Sozialstatus betont, im Gegensatz zu einer auf die Befriedigung gegenwärtiger Bedürfnisse ausgerichteten Einstellung. Langfrist-Orientierung gilt als ein Wert, der vor allem einer Traditionslinie im Konfuzianismus entspricht (*confucian dynamism*) und in herausragendem Maße in jenen asiatischen Gesellschaften vermutet wird, die die weltweit höchsten Raten wirtschaftlichen Wachstums verzeichnen. In Anspielung auf Max Webers These von der protestantischen Ethik als „Geist des Kapitalismus" hat sich in der Debatte über „asiatische" Werte für diese Einstellung das Schlagwort „protestantische Ethik des 21. Jahrhunderts" eingebürgert.

Die beiden Sachverhalte, dass die verglichenen Grundwerte in der Tat im Herzen der jeweiligen Kulturen angesiedelt sind und dass der Vergleich alle Kulturkreise umfasst, lässt die Ergebnisse dieser Forschungsarbeit als aufschlussreiche empirische Beurteilungsinstanz für die Frage nach dem Realgehalt der Kulturkampfthese und der anderen globalen Szenarien erscheinen[74]. Die empirischen Befunde lassen sich folgendermaßen zusammenfassen.

---

[74] Wie immer bei solchen Projekten sind freilich auch methodische Einschränkungen angebracht, z.B. dass die Kulturkreise ungleichgewichtig berücksichtigt sind, einige mit nur einem einzigen Land. Interessant für die Beurteilung dieses Projekts ist, dass Hofstede selbst eigentlich vor allem an der möglichst pointierten Ermittlung von kulturellen Unterschieden gelegen war.

Überraschungen: Politisch-kulturelle Grundwerte

In allen Kulturkreisen lässt sich eine sehr hohe Abweichung der einzelnen Länder von den errechneten Durchschnittswerten feststellen. Bei einer Punkteskala, auf der jedes Land je nach den in den Umfragen erreichten Prozentzahlen für die einzelnen Grundwerte einen Rangplatz zwischen 1 und 100 einnimmt, ist im **christlich-westlichen Kulturkreis** die Spannweite beim Grundwert *Gleichheit*[75] sehr hoch: 57 Punkte (je höher die Rangzahl, desto höher die Akzeptanz von Ungleichheit: Die Spannweite der 21 einbezogenen Länder reicht von Frankreich 68, Großbritannien 35, Australien 36 bis zu Österreich 11). Beim Grundwert *Individualismus* ist die Spannweite zwischen den Extrempositionen 64 Punkte (je höher der Wert, desto größer die Wertschätzung von Individualismus: USA 91, Frankreich 71, Schweden 71, Portugal 27). Ähnlich verhält es sich bei *Maskulinität* (hohe Punktzahlen entsprechen hoher Wertschätzung: Spannweite 74 Punkte: Österreich 79, Belgien 54, Norwegen 8, Schweden 5); *Unsicherheitsvermeidung* (hohe Zahlen drücken hohe Wertschätzung der Sicherheit aus: Spannweite 89: Griechenland 112, Portugal 104, Niederlande 53, Schweiz 58, Schweden 29, Dänemark 23); und *Langzeitorientierung* (Spannweite 21: Niederlande 44, Deutschland 31, Kanada 23). Die Spannweiten im Werteprofil zwischen den Extrempositionen sind so erheblich, dass man nur von einer hochgradigen Heterogenität im Grundwerteprofil der Länder des „christlich-westlichen" Kulturkreises sprechen kann. Ganz offensichtlich haben bei der Ausprägung des tatsächlich festzustellenden Grundwerteprofils dieser Länder andere Faktoren einen maßgeblicheren Einfluss gehabt als deren Zugehörigkeit zur selben kulturellen Tradition.

Im **islamischen Kulturkreis** bestätigt sich diese Tendenz mit folgenden Werten: *Gleichheit* (Spannweite 49: Malaysia 104, Indonesien 78, Türkei 66, Pakistan 55); *Individualismus* (Spannweite 27: Iran 41, Türkei 37, Malaysia 26, Indonesien 14, Pakistan 14); *Maskulinität* (Spannweite 10: hier liegen die Länder also vergleichsweise dicht beieinander: arabische Staaten 53, Malaysia und Pakistan 50, Türkei 45, Iran 43); *Unsicherheitsvermeidung* (Spannweite 49: Türkei 85, arabische

---

[75] Gemessen wurde in dieser Untersuchung die Akzeptanz von Ungleicheit, i.e. niedrige Ungleichheitstoleranz entspricht einem hohen Gleichheitswunsch.

Die Sprache der empirischen Forschung 89

Staaten 68, Malaysia 36); für *Langzeitorientierung* liegen nur zwei, allerdings weit abweichende Werte vor: Bangladesh 40, Pakistan 0). Im islamischen Kulturkreis lässt sich zwar beim Grundwert Maskulinität eine hohe Übereinstimmung feststellen und beim Grundwert Individualismus ein insgesamt niedriger Durchschnittswert, im Übrigen sind aber auch hier die Abweichungen sehr groß. Es zeigt sich kein einheitliches Profil.

Der **konfuzianische Kulturkreis** erbringt folgende Werte: *Ungleichheit* (Spannweite 16: Singapur 74, Hongkong 68, Taiwan 58); *Individualismus* (Spannweite 8: Hongkong 25, Taiwan 17); *Maskulinität* (Spannweite 18: Hongkong 57, Singapur 48, Südkorea 39); *Unsicherheitsvermeidung* (Spannweite 77: Südkorea 85, Taiwan 69, Hongkong 29, Singapur 8); *Langzeitorientierung* (Spannweite 70: China 118, Südkorea 75, Singapur 48). Auch innerhalb dieses Kulturkreises sind die Spannweiten teilweise beträchtlich, eine Konvergenz lässt sich lediglich, den Traditionen entsprechend, bei den sehr niedrigen Werten und Abweichungen beim Individualismus feststellen.

Besonders informativ werden die Ergebnisse dann, wenn zunächst die Länderpaare mit der größtmöglichen Ähnlichkeit der Werteprofile verglichen werden und dann diejenigen mit dem größtmöglichen Kontrast der Werteprofile. Transkulturell sind sich 48 Länderpaare im Werteprofil ähnlich, intrakulturell hingegen nur 43. Über alle 5 Grundwerte berechnet, soweit auch für die Langzeitorientierung Daten vorliegen, sind sich in ihrem Grundwerteprofil die folgenden Länderpaare am ähnlichsten: Malaysia/Philippinen; Indonesien/Westafrika; Ost-Afrika/Thailand; Ost-Afrika/Taiwan; Arabische Staaten/Mexiko; Pakistan/Peru; Brasilien/Türkei; Südkorea/Peru/El Salvador/Chile/Jugoslawien; Portugal/Uruguay; Argentinien/Spanien; Portugal/Türkei; Portugal/Südkorea. Das Ergebnis ist unzweideutig: Es gibt genau so viele übereinstimmende Werteprofile zwischen Ländern unterschiedlicher wie gleicher Kulturzugehörigkeit. Einige Länder, deren Grundwerteprofil einander am meisten ähnelt, gehören sogar gänzlich unterschiedlichen Kulturkreisen an, befinden sich aber überwiegend auf einem vergleichbaren sozialökonomischen Entwicklungsniveau.

Innerhalb der jeweiligen Kulturkreise lassen sich aufgrund der Daten Länderpaare mit weit auseinanderlaufendem Grundwerteprofil bilden, die in mehreren Grundwertebereichen kaum noch Ähnlichkeiten und eine sehr hohe Differenz in der Summe aller Grundwerte aufweisen: Im Westen: Griechenland/Dänemark; Portugal/Dänemark; Portugal/Irland; Portugal/Großbritannien; im Konfuzianismus: Südkorea/Singapur; im Islam: Malaysia/Türkei; in Lateinamerika: Guatemala/Argentinien; Costa Rica/Ecuador u.a. Es gibt also einige für die verschiedenen Kulturkreise charakteristische Durchschnittswerte bei den ermittelten Grundwerten, aber die Heterogenität innerhalb der Kulturen einerseits und weitgehende Übereinstimmungen im Werteprofil von Ländern, die ganz unterschiedlichen Kulturkreisen zugehören, fallen stärker ins Gewicht. Diese Daten stützen eine Reihe vorsichtiger, aber klarer Schlussfolgerungen:

Die Kulturen der Welt sind keineswegs durch scharfe oder überhaupt eindeutige Differenzen in der Geltung der zentralen sozio-kulturellen Grundwerte voneinander unterschieden. Die Kulturen sind zwar tatsächlich durch eine besondere Wertschätzung von ein oder zwei der Grundwerte charakterisiert, überlappen sich aber in anderen Grundwerten weitgehend. Auch da, wo charakteristische Differenzen bei einigen Grundwerten zwischen den Kulturen festzustellen sind, handelt es sich um vergleichsweise begrenzte Unterschiede. Einige der Länder mit den größten Werteprofildifferenzen entstammen denselben Kulturkreisen, einige der Länder mit den größten Übereinstimmungen gehören gänzlich unterschiedlichen Kulturen an. Offensichtlich spielen nationale Erfahrungen, die jeweilige Geschichte und der Stand der sozio-ökonomischen Entwicklung der Länder im Ganzen gesehen für ihr jeweiliges Werteprofil eine deutlich größere Rolle als ihre religiös-kulturellen Ursprünge. Kulturelle Unterschiede sind keine Sperre für Ähnlichkeiten und Überlappungen und kulturelle Gemeinsamkeiten sind keine Gewähr für Ähnlichkeiten oder Überlappungen im Werteprofil.

Universeller Wandel der Werte

Noch aufschlussreicher wäre es freilich, wenn in diesen oder vergleichbaren Werte-Dimensionen historische Längsschnittuntersuchungen herangezogen werden könnten, die den Wertewandel in eine Beziehung zur jeweiligen Gesellschaftsgeschichte und zum sozial ökonomischen Fortschritt setzen. Das leistet mit sehr begrenztem, aber mittlerweile schon vier Jahrzehnte umfassenden Zeithorizont und bezogen auf eine, allerdings sehr komplexe und aufschlussreiche Grundorientierung, die seit den 1970er Jahren kontinuierlich betriebene Wertwandelforschung des amerikanischen Soziologen Ronald Inglehart[76]. Dabei geht es um die Ausweitung des sogenannten „Post-Materialismus" in Gesellschaften aus allen Weltkulturen im Zuge ihres sozial-ökonomischen Entwicklungsfortschritts. Die hergebrachte „materialistische" Wertorientierung wird nach diesem Konzept Menschen zugeschrieben, die Lebensziele wie materiellen Wohlstand, wirtschaftliches Wachstum, stabile Wirtschaft, Kampf gegen Verbrechen, Gesetz und Ordnung deutlich höher schätzten als die „Post-Materialisten" mit ihrer Bevorzugung von Teilhabe (Mitbestimmung in Arbeitsleben und Politik), eine weniger unpersönliche Gesellschaft, Ideen statt Geld, Redefreiheit, schönere Städte, persönliche Selbstentfaltung. Es hat sich gezeigt, dass diese Werteskalen sinnvoll in allen Kulturen angewendet werden können, weil das Verständnis der genannten Ziele in der Sache sehr weitgehend übereinstimmt. Inglehart hat schon im Verlaufe der letzten vier Jahrzehnte durch wiederholte Umfragen festgestellt, dass in Europa die Verbreitung der postmaterialistischen Werte ständig voranschreitet. Seine Erklärung lautet zusammengefasst, dass die bleibenden Wertorientierungen in modernen Gesellschaften einem dynamischen Wandel unterliegen, weil die Wertprägung von Menschen jeweils in ihren Jugendjahren erfolgt und dabei stets jene Werte die größte Bedeutung erlangen, die in dieser Zeit am meisten vermisst werden[77].

Die postmaterialistische Orientierung ist besonders informativ, weil sie eine Reihe anderer Schlüsselwerte einschließt, so etwa Individualismus, soziale Verantwortung, ökologisches Bewusstsein und politische Teilhabe. Bezogen auf die Frage des Verhältnisses von kulturellen Unterschieden und Grundwertedifferenzen sind die Ergebnisse von Ingleharts regelmäßig wiederholten Studien eindeutig. Die postmaterialistische Wertorientierung verbreitet sich stetig in allen Kulturkreisen. Ausmaß und Tempo sind ausschließlich von der Höhe des erreichten Wohlstandsniveaus abhängig und von den kulturell-religiösen Unterschieden so gut wie unbeeinflusst. Postmaterialismus ist eine bedeutsame soziale Werte-

---

[76] Inglehart 1995, Inglehart/Basañez/Morena 2008
[77] Inglehart 1995

dimension, da er entscheidenden Einfluss auf die persönliche Lebensweise und die individuelle Arbeitsethik sowie auf die Inhalte und den Stil der Politik ausübt, die der Einzelne bevorzugt. Die Tatsache der Konvergenz in dieser Wertedimension unter großen Teilen der besser situierten Angehörigen der jüngeren Generation in allen Gesellschaften, über alle kulturellen Unterschiede hinweg, ist darum für die Beurteilung der wirtschaftlichen und politischen Folgen kultureller Zugehörigkeit von größtem Gewicht.

Die Ideologie vom Kampf der Kulturen aufgrund unversöhnlicher Differenzen ihrer sozialen Grundwerte findet in den empirischen Daten keinerlei Bestätigung, im Gegenteil: kulturübergreifende Ähnlichkeiten und Überlappungen lassen sich zwischen allen Kulturen erkennen. Die Konfliktlinien, die in der Sache begründet sind, verlaufen nicht zwischen, sondern in den Kulturen. Die Huntingtonsche Kulturkampf-Theorie dient nicht, wie sie beansprucht, der Aufklärung über kulturelle Unterschiede, sondern der Legitimation ihrer fundamentalistischen Sichtweise.

Theorien und Erklärungen des Fundamentalismus

Prinzipiell können sich, wie die interkulturelle und die intrakulturelle Wirklichkeit gleichermaßen belegen, alle Kulturen über die Grundwerte des sozialen Zusammenlebens und der politischen Kooperation verständigen. Warum haben die fundamentalistischen Versuche der politischen Instrumentalisierung kultureller Unterschiede dennoch so häufig und so durchschlagend Erfolg? Antworten darauf bieten die Theorien über den Fundamentalismus, die ihn nicht nur beschreiben, sondern auch erklären wollen. Die kurze Geschichte der systematischen Fundamentalismusforschung hat eine breite Palette von Theorien, Erklärungen und Deutungsmustern hervorgebracht. Sie präsentieren sich nach Erkenntnisabsicht und Ergebnis im groben Überblick in drei Varianten, deren beide ersten den Fundamentalismus durch ihre Art der Erklärung als Phänomen zugleich leugnen[78].

---

[78] Die maßgeblichen Studien zum Thema, die diesem Abschnitt zugrunde liegen, sind im Literaturverzeichnis angeführt. Anstelle einer Zuordnung zu einzelnen Autoren werden die Hauptargumente summarisch präsentiert.

Theorien und Erklärungen des Fundamentalismus 93

Die These vom Pan-Fundamentalismus.

Zur ersten Gruppe gehören Theorien, die im Fundamentalismus nichts anderes sehen als die unvermeidliche Selbstimmunisierung jeder kulturellen oder metaphysischen Grundposition. Im Sinne dieser Pan-Fundamentalismus-These ist jegliche Art von normativer Festlegung, unabhängig davon, wie sie begründet wird und auf welcher Ebene sie gilt, unentrinnbar fundamentalistisch. Das gilt nach dieser Auffassung vor allem auch für die Positionen der Aufklärung, deren Verständnis von Toleranz, der Trennung von Religion und Staat, das Offenheitspostulat, den Pluralismus und die Geltung der universalistischen Grundrechte. Besonders das Menschenrechtsverständnis der modernen Kultur erscheint in dieser Perspektive auch nur als eine Variante des Fundamentalismus. Die moderne Kultur selbst, die auf all diesen Grundsätzen und Regeln des Umgangs mit Differenzen beruht, gilt dann als eine besonders borniert Form des Fundamentalismus, weil sie sich selbst in dieser Hinsicht nicht reflektiert und durchschaut, sondern den Fundamentalismus immer nur bei den Anderen sucht.

Dieser Theorie liegt offenkundig eine Verwechslung der Argumentationsebenen zugrunde. Fundamentalistisch ist es ja gerade nicht, wenn Einzelne oder Gruppen in offenen Gesprächssituationen, die sie als solche anerkennen, ihre eigene Vorstellung von Wahrheit mit Argumenten gegen andere verteidigen, sei es innerhalb einer Kultur oder zwischen unterschiedlichen Kulturen. Fundamentalistisch ist erst die Weigerung, entweder solche offenen Gesprächsstrukturen überhaupt zuzulassen oder sich in ihrem Rahmen an Gesprächen zur Klärung strittiger Wahrheitsansprüche zu beteiligen, oder in ihnen von vornherein einen Geltungsanspruch zu erheben, die die eigenen Gewissheiten von Begründungen dispensiert und ihnen den Status eines Richters über die anderen zumisst. Die Kultur der Moderne und der Fundamentalismus liegen in Wahrheit nicht auf der gleichen Ebene der Normgeltung und der Normbegründung. Die moderne Kultur trifft ihre Festlegungen lediglich auf der Meta-Ebene, wo es um diejenigen Normen und prozeduralen Regeln geht, die die Offenheit für Alternativen und Geltungsansprüche, die Zulassung aller Deutungen, Orientierungen und Lebensweisen gewährleistet, soweit diese nicht ihrerseits auf die Abschaffung dieser Regel zielen und sich damit aus der Rolle eines Anspruchs unter vielen in die des Richters über alle begeben.

Die moderne Kultur ist in diesem Sinne nicht selbst die Festlegung einer bestimmten geistig-kulturellen Orientierung und Lebensform, sondern ein Rahmen, im dem sich alle konkurrierenden Orientierungen und Ethiken entfalten können. Der Fundamentalismus hingegen setzt seine eigene Glaubens- und Lebensweise an die Stelle des Rahmens. Er schließt entweder die Zulassung von Alternativen oder die zwanglose Verständigung über Alternativen prinzipiell aus. Dabei geht es nicht um Glaubensfragen, über die eine Verständigung schon zwischen den Anhängern unterschiedlicher Richtungen derselben Tradition, geschweige denn denen verschiedener Religionen und Weltanschauungen in der Regel für die Betroffenen weder möglich noch sinnvoll ist. Es geht vielmehr um die Anerkennung legitimer Verschiedenheit des religiösen und weltanschaulichen Verständnisses und mehr noch um die Akzeptanz derjenigen Grundsätze der Lebensführung und gemeinsamer sozialer und politischer Ordnung, die solche Verschiedenheit und gleichberechtigtes Zusammenleben der Verschiedenen möglich machen.

Das Argument, zwischen verschiedenen Kulturen, Weltanschauungen oder Religionen sei letztlich immer nur ein fundamentalistisches Abgrenzungsverhalten möglich, widerspricht zudem aller Erfahrung, wie sie sich etwa im Parlament der Weltreligionen und in der Zustimmung von Ländern aus allen Kulturkreisen zu den Grundrechts-Pakten der Vereinten Nationen von 1966 manifestiert hat[79]. Es ist ein logischer Widerspruch, die Verbindlichkeit eines Rahmens für Offenheit, für die Ermöglichung der jeweils besonderen Deutungen der Welt, der Überzeugungen und der zwanglose Verständigung zwischen ihnen als Grundentscheidungen auf derselben Ebene anzusiedeln, wie die jeweils besonderen Orientierungen, deren Verhältnis zueinander durch diesen Rahmen geregelt werden soll, vergleichbar dem logischen Widerspruch der entsteht, wenn die Aussagen über eine Sprache mit Aussagen in dieser Sprache verwechselt werden.

Werden daher die Festlegung auf Prozeduren der Offenheit für Vielfalt und deren Ausschluss durch die Verbindlichkeitserklärung eines einzigen geschlossenen Systems gleichermaßen mit dem Begriff „Funda-

---

[79] Küng 1993

mentalismus" bezeichnet, und zwar nur deshalb, weil Festlegungen überhaupt ins Spiel kommen, dann bezieht sich dieser Begriff dennoch unvermeidlich in beiden Fällen auf gänzlich verschiedenartige Sachverhalte. Dann liegt ein Fall von Begriffsverwirrung durch die unaufgedeckte Mehrfachbedeutung ein und desselben Begriffs vor. Eine „Fundamentalismustheorie", die meint, alles sei Fundamentalismus, da niemand ohne Überzeugungen auskomme, leistet keinen Beitrag zur Klärung der Sachverhalte, sondern lediglich zur begrifflichen Uneindeutigkeit.

Die Imperialismus-Theorie des Fundamentalismus.

Der zweiten Gruppe von Theorien gehören jene an, die im Fundamentalismuskonzept nichts anderes als eine neue Ideologie zur Sicherung der westlichen Vormachtsansprüche über den Rest der Welt erblicken. Das kommt nach dieser Sicht vor allem in der Abstempelung des Islam als unüberwindlich fundamentalistischer Kultur zum Ausdruck, gegen die der Westen nur mit Rüstung, Eindämmung und Überlegenheitsstreben agieren könne. Fundamentalismus erfülle insofern die Rolle, das abhanden gekommene Feindbild der kommunistischen Bedrohung des „Westens" zu ersetzen. Diese Theorien treffen einen zentralen Punkt im politischen Kulturverständnis zahlreicher Autoren, Politikberater und Politiker. Sie verwechseln jedoch eine besondere Verwendungsabsicht des Begriffs „Fundamentalismus" mit dem Konzept selbst. Das erweist sich als ein Bärendienst an ihrer eigenen Erkenntnisabsicht. Die Zurückweisung jener Ideologien, die in anderen Kulturen nichts als Formen des Fundamentalismus erkennen können, wäre ja viel wirkungsvoller, wenn der unleugbare Fundamentalismus in ihnen als das ausgewiesen würde, was er tatsächlich ist, nämlich nur eine besondere Lesart dieser Kultur und nicht ihr eigentliches Wesen. Diese negative Fundamentalismustheorie ist unrealistisch, denn sie leugnet ein offenkundiges Phänomen in der Hoffnung, damit einer riskanten Ideologie den Boden zu entziehen. Sie schüttet das Kind mit dem Bade aus und beraubt sich ungewollt der Chance zu der aufklärenden Wirkung, um die es ihr eigentlich zu tun ist.

Empirisch erklärende Fundamentalismustheorien.

Die dritte Gruppe von Fundamentalismustheorien umfasst deren weitaufgefächerten Hauptteil. Sie beschreiben die Wirklichkeit des Fundamentalismus in verschiedenen Kulturen und wollen sie erklären. Sie alle stimmen überein, dass der Fundamentalismus eine zentrale politisch-ideologische Macht in den politischen Arenen des 21. Jahrhunderts verkörpert und dass er in allen Kulturen nur eine der konkurrierenden Lesarten der Überlieferung darstellt. Auch wenn sie die Akzente bei der Untersuchung der Entstehungsbedingungen und Erfolgsvoraussetzungen des Fundamentalismus unterschiedlich setzen, tragen sie alle auf unterschiedliche, gelegentlich einander widersprechende Weise zu deren schlüssiger Erklärung bei.

Ins Detail gehende soziologische Untersuchungen über den islamischen Fundamentalismus im Iran und den protestantischen Fundamentalismus in den USA haben verdeutlicht, dass vor allem traditionalistisch geprägte, paternalistische Milieus auf die eigene Infragestellung, erst recht die Gefahr einer möglichen Auflösung im Zuge kultureller und gesellschaftlicher Modernisierungsprozesse häufig mit fundamentalistischer Abschottung reagieren[80]. Die Gefahr, dass die eigene vormoderne Lebensweise beträchtlich an gesellschaftlicher Anerkennung einbüßt, die erworbene Identität sozial entwertet und überdies durch die Hinwendung der eigenen Kinder zu modernen, offeneren Lebensweisen existentiell bedroht ist, wird als Kränkung erfahren, die durch die Zuflucht zur geschlossenen Lebensform des Fundamentalismus geheilt werden soll. Zugleich soll auf diese Weise der bedrohliche Wandel abgewehrt und vom eigenen Milieu fern gehalten werden.

Der fundamentalistische Impuls kann zumal dann erstarken, wenn sich die plötzliche sozio-kulturelle Kränkung mit der Erfahrung oder der Drohung sozialen Abstiegs und ökonomischer Unsicherheit verbindet. Solche kulturell-ökonomischen Doppelkrisen sind der fruchtbarste Nährboden für ein rasches Wachstum fundamentalistischer Bewegungen. Der deutsche Nationalsozialismus, mit seiner ungeheuren Massenfaszination im Zeichen des kulturellen Traditionsbruchs verbunden mit der Weltwirtschaftskrise, und der islamische Fundamentalismus im Iran als Folge

---

[80] v.a. Riesebrodt 1990

einer forcierten Modernisierung von oben verbunden mit der Verhöhnung der traditionellen sozio-kulturellen Identitäten, sind prominente Beispiele dafür. Algerien demonstriert in der Gegenwart, dass die Empfindung der Perspektivlosigkeit in derartigen Krisensituationen dramatisch gesteigert wird, wenn sich die politischen Führungseliten als korrupt und reformunfähig erweisen[81]. Ein breitenwirksamer Fundamentalismus wird aktiviert durch schlagkräftige Organisationen, charismatische Führer, wirksame Kommunikationstechniken und populistische Parolen, die eine mitreißende Beschreibung unerträglicher Lebenslagen mit politischen Heilsverheißungen verbindet. In vielen Fällen wird die Glaubwürdigkeit des Angebots dadurch erheblich gesteigert, dass fundamentalistische Organisationen in den Lebenswelten der umworbenen Gruppen wirksame praktische Lebenshilfen anbieten, etwa in Flüchtlingslagern oder städtischen Slums.

Alle diese Beispiele zeigen zudem, dass die fundamentalistischen Führer und ihre Organisationen oft jahrzehntelang ohne breiten Widerhall abwarten, bis in der Zuspitzung von Krisen ihre Stunde schlägt. Es ist kein Zufall, dass nach der Beobachtung von Gilles Kepel der Fundamentalismus seit Mitte der 70er Jahre weltweit Einfluss und Zulauf gewinnt[82]. Dieser Zeitraum markiert das Zusammentreffen der Krise des kulturellen Modells der Moderne, einschließlich ihrer marxistischen Alternative, mit einer offenkundigen sozial-ökonomischen Stagnation und der Erfahrung wachsender Ungleichheit durch die Auswirkungen der Globalisierung. Die seit den 1970er Jahren global ins Bewusstsein drängenden realen Krisenerfahrungen, enttäuschte Fortschrittsverheißungen und nahezu apokalyptische Bedrohungsängste wirken sich in den einzelnen Ländern unterschiedlich aus, haben aber in vielen Teilen der Welt gleichermaßen die jeweiligen lokalen Varianten des Fundamentalismus erstarken lassen.

Im Zusammenwirken kultureller, sozialer und wirtschaftlicher Krisenerfahrungen mit politischer Entfremdung als Nährboden des Fundamentalismus können je nach den betroffenen Gruppen und je nach der Situation, die den fundamentalistischen Impuls auslöst, entweder kulturelle Kränkungserfahrungen als Leitmotiv wirken oder die sozial-ökonomischen Ängste, verbunden mit dem Verlust in das Vertrauen der politischen Eliten zur Reform. Auch in dieser Hinsicht hat der Fundamenta-

---

[81] Volpi 2003
[82] Kepel 1991

lismus viele Facetten. Damit in solchen „fundamentalistischen Momenten" politische Massenbewegungen entstehen, muss zu den beschriebenen Gelegenheitsstrukturen in der Gesellschaft die subjektive Disposition vieler Menschen zur Wahrnehmung der von den fundamentalistischen Aktivisten angebotenen Weltsicht treten, die Bereitschaft zur Übernahme einer auf absoluten Gewissheiten basierenden kulturellen Identität, der Bestätigung des persönlichen Wertes in einem geschlossenen Kollektiv. Es sind also stets drei Faktoren, die zusammentreffen müssen, damit aus einem „fundamentalistischen Moment" der Funke zu einem fundamentalistischen Flächenbrand hervorspringt: das Zusammentreffen existentieller Krisen, die Disposition eines großen Teils der Gesellschaft und die Wirksamkeit der fundamentalistischen Akteure. Diese Erklärung für das Erstarken des Fundamentalismus führt zugleich vor Augen, dass eine rein kulturelle Gegenstrategie der Aufklärung über die voraussehbaren destruktiven Folgen des Fundamentalismus für sich genommen kaum Erfolge haben wird, wenn nicht gleichzeitig seine handfesten sozialen und wirtschaftlichen Ursachen mit glaubwürdigem Handeln wirkungsvoll bekämpft werden.

Die Macht des Vorurteils: Beispiel Islam

Der Islam im Brennpunkt

Die Schlüsselrolle bei der Ingangsetzung von Spiralen des Missverständnisses, die in wechselnden kulturellen und gesellschaftlichen Kontexten den Ethno-Fundamentalismus auf der einen Seite und auf der anderen Seite den religiös-politischen Fundamentalismus oder entgegengesetzte Varianten des letzteren vorantreiben, spielen kulturelle Stereotype der Wahrnehmung des Anderen und zwar besonders dann, wenn sie von sozialen und wirtschaftlichen Verunsicherungen und Ängsten genährt werden. Das zeigt sich gegenwärtig beispielhaft am Bild des Islam in Teilen Europas, ganz besonders in Deutschland. Es ist kein Zufall, dass gerade aus dem Zusammentreffen der im Gesamtkontext des Islam durchaus isolierten fundamentalistischen Terroraktivitäten wie dem epochalen Angriff auf das New Yorker World Trade Center mit dem Verlust einer ge-

Die Macht des Vorurteils: Beispiel Islam

sicherten Wohlstandperspektive für die europäischen Mittelschichten im Zuge von Globalisierung und Wirtschaftskrise die Bereitschaft zur Belebung anti-islamischer Stereotype sprunghaft angewachsen ist[83]. Die islamfeindlichen Ansichten in der deutschen Bevölkerung haben in den letzten Jahren stetig zugenommen, die gewollte oder ungewollte Gleichsetzung von Islam und Islamismus ist fast zur Regel geworden und im Jahre 2010 waren 58,4% der Befragten der offenkundig verfassungswidrigen Meinung, die Religionsausübung für Muslime sollte im Lande erheblich eingeschränkt werden[84]. Die dominanten Stereotype sind durch ein zunehmendes Maß an Ablehnung jeder realitätsgerechten Differenzierung gekennzeichnet. Sie verweigern die zentrale Unterscheidung zwischen Islamismus als politischer Ideologie und dem Islam als Religion, wie sie von der überwältigenden Mehrheit der Muslime in aller Welt verstanden und praktiziert wird. Die gesamte Religion wird als fundamentalistisch an den Pranger gestellt.

Am Islam wird gegenwärtig auf exemplarische Weise deutlich, was zu verschiedenen Zeiten, in unterschiedlichen Kontexten und Konfliktkonstellationen im Prinzip mit allen religiösen und kulturellen Unterschieden geschehen kann. Der Bildung interkultureller Stereotpype liegt stets ein substantialistischer, vormoderner Kulturbegriff zugrunde, der Kulturen naturalisiert und ihre dynamische soziale Qualität verkennt, die sie unweigerlich für Wandel öffnet, wie es sich an allen großen Kulturen der Welt studieren lässt[85]. Das kulturessentialistische Verständnis projiziert einzelne Tendenzen und Elemente, die sich tatsächlich beobachten lassen, zumeist als Manifestationen einer bestimmten Epoche, auf die Kultur im Ganzen, erklärt sie zu deren unwandelbarem Wesen und grenzt aus, was nicht zu ihnen passt. Dies ist im Übrigen exakt das Verfahren das den Fundamentalismus selbst kennzeichnet. Aber der islamische Fundamentalismus als politische Ideologie bringt nicht eine vermeintlich ontologische Substanz des Islam als Religion zum Ausdruck, seine Attraktionskraft ist vielmehr das zeitbedingte Resultat erklärbarer sozialer Entwicklungen in jüngerer Zeit[86].

---

[83] Heitmeyer 2010
[84] Decker u.a. 2010:134
[85] Münch 1986
[86] Tibi 1995, Al Azmeh 1996

3 Ursachen und Folgen des Fundamentalismus

Die islamische Kultur enthält wie alle anderen Kulturen das Potential, auf dem Wege kultureller und vor allem gesellschaftlicher Reformen an das moderne Verständnis von Menschenrechten und Demokratie anzuschließen. Das zeigen am eindrucksvollsten einige der bevölkerungsreichsten Demokratien der Welt mit großen islamischen Gesellschaften. Eine bei weitem dominante demokratisch-politischen Mehrheitskultur haben etwa die islamischen Gesellschaften in Ländern wie Indien (ca. 135 Mio Muslime), Indonesien (191 Mio) und der Türkei (ca. 74 Mio) ausgebildet. Dort sind die Fundamentalisten überall nur eine kleine Minderheitsströmung, die sich allerdings von Zeit zu Zeit mit spektakulären Interventionen beträchtliche öffentliche Aufmerksamkeit zu schaffen versteht. Teilströmungen des Islam haben mit dieser Entwicklung schon seit dem 19. Jahrhundert begonnen[87]. Sie alle haben die soziale und politische Bedeutung des Islam neu interpretiert, ohne die religiöse Botschaft für die persönliche Glaubens- und Lebenswelt in Frage zu stellen, wie alle anderen religiösen Kulturen auch, jedoch mit verzögerter Resonanz in der Mehrheitsströmung. Die sozio-kulturellen, gesellschaftlichen und politischen Barrieren, die einem solchen Wandel der Mehrheitskultur in großen Teilen der arabischen Welt im Wege stehen, können angesichts des offenen Entwicklungspotentials des Islam unter anderen gesellschaftlichen Bedingungen nicht überzeugend auf die quasi kulturgenetische Programmierung durch diese Religion zurückgeführt werden[88]. Denn in zahlreichen seiner Milieus und Strömungen und in beträchtlichen Teilen der Alltagskultur von Muslimen in den meisten Ländern muslimischer Prägung hat sich der Wandel hin zu einem Religionsverständnis schon vollzogen, das persönliche Glaubenswelt und rechtsstaatlich-demokratisches, öffentliches Leben miteinander versöhnt. Das gilt erst recht für den kulturellen Wandel des islamischen Religionsverständnisses in Ländern, in denen die Gemeinschaft der Migranten in der Minderheit ist, zumal in der europäischen Demokratie. Hier praktiziert die weit überwiegende Mehrheit der Muslime der unterschiedlichsten Glaubensrichtungen eine für sie mittlerweile zum selbstverständlichen Alltag gewordene Form ihres Religionsverständnisses, das von außen auf den Begriff „Eu-

---

[87] Ende/Steinbach 1984, Khoury/Hagemann/Heine 1991
[88] Diner 2005

ro-Islam" gebracht worden ist.[89] Ihm ist der Respekt für den säkularen Rechtsstaat und die religiöse Vielfalt zur zweiten Natur geworden.

Kulturelle Konflikte im Islam

Die eigentliche Frage bleibt freilich, wie sich der politisch ausschlaggebende Hauptstrom der islamischen Kultur in den einzelnen von ihr geprägten Ländern präsentiert. Sie wird in allen religiösen Kulturen nicht durch einen scheinbar invarianten Gehalt der heiligen Schriften entschieden, sondern überall durch den Stand des Diskurses der konkurrierenden Strömungen innerhalb dieser Kultur. Dessen Verlauf wird nicht durch Argumente allein, also die Plausibilität der konkurrierenden Deutungsvarianten für große Gruppen gesteuert, sondern durch handfeste gesellschaftliche, kulturelle und ökonomische Faktoren, die sozialen Erfahrungen, die sie schaffen, und die Glaubwürdigkeit der Deutungen und Entwicklungsperspektiven, die sich mit ihnen verbinden. Der Iran ist dafür wiederum exemplarisch, weil er zeigt, wie ein Fundamentalismus an der Macht durch die Widersprüchlichkeit seines Handelns seine eigene Überzeugungskraft in der Gesellschaft dementiert und damit selbst den sozialen Raum für widerstreitende Deutungsalternativen der religiösen Überlieferung öffnet.

Das gilt gerade auch für die Bedingungen der Renaissance des islamischen Fundamentalismus selbst, wie sie für die Zeit seit den 1970er Jahren beschrieben worden ist[90]. Auch die Dominanz des islamischen Fundamentalismus ist erst das Produkt einer aktuellen Entwicklung. Denn die Gewichte zwischen den am innerislamischen politischen Diskurs beteiligten Grundströmungen haben sich seit den 1970er Jahren in fast allen betroffenen Ländern massiv verschoben, in einigen von ihnen bis hin zur völligen Umkehrung der kulturellen Dominanzverhältnisse. Der fundamentalistische Zivilisationsstil war noch vor kurzem gerade nicht die vorherrschende politische Selbstauslegung des Islam[91]. Es hat zwar in Ägypten mit der Gründung der Bewegung der Muslim-Brüder (1928) und

---

[89] Sen/Sauer/Halm 2004
[90] z.B. Marty/Appleby 1996, Kepel 1991, Tibi 1995, Roy 2006
[91] Al Azmeh 1996

1932 mit der Entstehung des vom Wahabismus geprägten Saudi-Arabien beachtliche Manifestationen des fundamentalistischen Impulses gegeben.

„Diesen historischen Verweisen zum Trotz kann man sich jedoch der Beobachtung nicht entziehen, daß vorwiegend säkularistische Ideologien, allen voran der panarabische Nationalismus, in der Periode nach dem Ersten Weltkrieg den politischen Diskurs dominierten; der Islam als eine politische Ideologie (nicht als religiöser Glaube) trat seit dieser Zeit und zumindest bis zu den frühen 70er Jahren in den Hintergrund"[92].

Das Zusammenwirken spezifisch politischer Ereignisse und Erfahrungen mit kulturell-politischen Angeboten ihrer Verarbeitung führt also zur Verschiebung der Kräfteverhältnisse zwischen den am politisch-kulturellen Diskurs beteiligten Strömungen und nicht die Selbstentfaltung eines logischen Zwangs, der sich aus den Axiomen der Kultur selbst ergibt. Es sind die Leidens- und Ohnmachtserfahrungen angesichts des deprimierenden Versagens unterschiedlicher nichtfundamentalistischer politischer Regime vor den Herausforderungen der von außen andringenden Modernisierung, die am Ende den Fundamentalismus auch dort, wo er sich in einer Minderheitenposition und zudem in der Illegalität befand, „dennoch zunehmend die primäre Quelle für die politischen Optionen der Bevölkerungsmehrheit in den meisten islamischen Ländern" werden ließ[93]. Der Erfolg dieser Option in der politischen Konkurrenz mit prinzipiellen Alternativen hängt von der gleichzeitigen Wirksamkeit mehrerer Faktoren ab, neben ökonomischen, sozialen und kulturellen Kränkungs- und Krisenerfahrungen fallen dabei vor allem auch die Spielräume ins Gewicht, die das jeweilige politische System und die Glaubwürdigkeit der offiziellen politischen Eliten und Gegeneliten für die Hoffnung auf Besserung lassen.

Für den islamischen Kulturkreis sind die prinzipiellen Optionen der kulturellen Selbstauslegung und die wechselnden Bedingungen ihres politischen Erfolgs auf informative Weise beschrieben worden. Dabei wird zugleich Aufschluss über das Verhältnis von Kulturen, Zivilisationsstilen und politischer Entwicklung gegeben, da diese Beobachtungen ihre Entsprechung in anderen Kulturen findet. Im innerislamischen Diskurs der Gegenwart spielen drei Grundströmungen eine Hauptrolle. Jeder von

---

[92] Tibi aaO.:76
[93] aaO.:97. Das gilt mit Einschränkungen allerdings nur für den arabischen Raum.

ihnen kann jeweils ein führender Staat zugeordnet werden, in dem sie politisch und kulturell dominiert: der Traditionalismus in Saudi-Arabien, der Säkularismus in der Türkei und der Fundamentalismus im Iran. Im islamischen Diskurs im Ganzen ist jede dieser drei Grundströmungen der politischen Selbstauslegung einer Kultur als dominante politische Macht vertreten, jedoch in den einzelnen Gesellschaften, die vom Islam geprägt sind, auf höchst unterschiedliche Weise. Die Chancen und das politische Gewicht der drei formativen Zivilisationsstile ergeben sich erst aus der unterschiedlichen Art und Weise, in der elementare historische Erfahrungen gesellschaftlich verarbeitet, kulturell zum Ausdruck gebracht und politisch verwendet werden. Die Säkularisierungsreformen Mustafa Kemals in der Türkei der 1920er Jahre hat nicht nur in der politischen und kulturellen Praxis des Landes ein modernisiertes, wenn auch keineswegs durchgehend konsequentes Verständnis des Verhältnisses von Religion und Staat durchgesetzt. Sie haben auch in den unmittelbar mit ihnen verbundenen Schriften des islamischen Gelehrten Ali Abdarraziq eine systematische theologisch-philosophische Begründung erfahren, die als Grundlage eines modernen Verständnisses der Beziehungen von Islam, Grundrechten und Demokratie dienen kann[94]. Theologisch aufschlussreich ist vor allem sein Argument, dass die Interpolation rechtlicher und politischer Positionen mit Verweis auf den Koran, die aber in dessen Text gar nicht enthalten sind, letzten Endes auf eine „Leugnung des koranischen Anspruchs auf die Endgültigkeit und Abgeschlossenheit der Offenbarung" hinauslaufe und darum gerade in den Begriffen der fundamentalistischen Theologie selbst ein Sakrileg sei[95]. Diese Tradition ist von anderen islamischen Gelehrten bis in die Gegenwart fortgeführt worden. In Indonesien, um auf das Beispiel der bevölkerungsreichsten islamisch geprägten Gesellschaft zu verweisen, sind die beiden großen islamischen Kulturorganisationen mit zusammen etwa 80 Mio. Mitgliedern im Laufe der letzten zwei Jahrzehnte in Vollzug dieser Tradition zu Stützen im Demokratisierungsprozess geworden[96].

Diese Dynamik unterscheidet, wie die Geschichte Europas im 20. Jahrhundert eindrucksvoll gezeigt hat, den islamischen Kulturkreis gera-

---

[94] Wieland 1971
[95] Das Zitat sowie die Vorstellung der Positionen weiterer einschlägiger Autoren bei Bielefeldt 2003:76 sowie 76 ff.
[96] Schuck 2003

de nicht vom „westlichen", denn auch hier haben in jüngster Zeit traditionalistische, modern-säkulare oder eben auch fundamentalistische Strömungen, in seinen extremsten säkularen Formen der Nationalsozialismus in Deutschland und der Sowjetkommunismus im gesamten Osten Europas, das politische Geschehen mit teilweise beträchtlicher gesellschaftlicher Unterstützung gedeutet und bestimmt.

Eine Tradition des Rationalismus

Die jüngere Entwicklung im Iran könnte sich in ähnlicher Weise als große historische Wasserscheide für den islamischen Fundamentalismus erweisen wie die Implosion des Sowjetsystems am Ende der 1980er Jahre für den Kommunismus. Je länger der Islamische Fundamentalismus an der Macht ist, desto geringer sind die gesellschaftliche Unterstützung für ihn und der Glaube an seine Gewissheiten. In keinem anderen Land der Welt ist die Wertschätzung für die USA und das, wofür sie politisch kulturell stehen, größer als ausgerechnet dort, besonders in der jüngeren Generation. In der Diskussion über das Verhältnis von Islam und Demokratie gewinnen außerhalb der kleinen Gruppe der herrschenden Mullahs diejenigen Stimmen die größte Resonanz, die wie der Islamgelehrte Mohamad Shabestari das Argument verfechten, dass ein konsequent interpretierter Islam eine grundrechtsgestützte Demokratie verlangt, weil allein sie das zentrale Gebot des Korans verlässlich einzulösen vermag, dass in Glaubensfragen kein Zwang angewendet werden darf[97]. Die Vorstellung, der persönliche Glauben und eine von den Grundsätzen der Religion geprägte Lebensführung müssten durch den Einsatz staatlicher und gesellschaftlicher Zwangsmittel gesichert und die politische Herrschaft könne allein durch religiöse Führer gewährleistet werden, seien keine Gebote des Koran. Der Wandel des Islam zu einer integralen politischen Herrschaftsideologie sei vielmehr erst Generationen nach dem Propheten als Herrschaftsmittel im Kampf rivalisierender politisch-religiöser Eliten ersonnen worden und habe sich dann allmählich zur unanfechtbaren Orthodoxie verfestigt. Dem ursprünglichen Islam hingegen entspräche der Grundsatz, dass die Ordnung des Gemeinwesens samt der sozialen und politischen Fragen des Zusammenlebens der Menschen nach dem Willen

---

[97] Shabestari 2003

Allahs eine Domäne der profanen Vernunft sei, die die Menschen in eigener Verantwortung regeln müssten, solange dabei die Bedingungen religiöser Lebensführung nach den Regeln des Islam nicht verletzt werden[98]. Das entspricht auch weitgehend der Lehre der aristotelisch beeinflussten islamischen Gelehrten Ibn Sina (980-1037) und Ibn Ruschd (1126-1198), die im europäischen Mittelalter für die klare Trennung zwischen Glauben und Vernunft und ihren jeweiligen Geltungssphären plädierten und damit die mittelalterlichen theologischen Aufklärer Duns Scotus (1256-1308) und Wilhelm von Ockham (1285-1349) beeinflussten, die mit der Grundlegung der philosophischen *via moderna* zu entscheidenden Wegbereitern der Kultur der Moderne wurden.

Diese Debatten, über Islam, Liberalität und Demokratie, die sich aus den Erfahrungen einer dreißig Jahre umspannenden fundamentalistischen Herrschaft und ihrer Folgen ergaben, könnten sich als wegweisend für das Verhältnis von Islam und Fundamentalismus insgesamt erweisen. Reagieren sie doch auf die problematischen Konsequenzen einer tatsächlichen islamistischen Herrschaftspraxis, die in Teilen der islamischen Welt von fundamentalistischen Gruppierungen weiterhin als Harmonie stiftende gesellschaftspolitische Verheißung zum Zwecke der Mobilisierung von Massenprotesten erstrebt wird.

Islam in Deutschland

Im Islam innerhalb der Bundesrepublik Deutschland sind die Gewichte zwischen den unterschiedlichen Strömungen (Zivilisationsstilen) auf informative Weise verteilt. Im Hinblick auf die Ebene der Organisationen schätzen Kenner der Szene wie Pfahl-Traughber, dass von den ca. 3,2 Millionen Muslimen in der Bundesrepublik Deutschland (davon 2,5 Mio Türken) ca. 31 000 Mitglieder von Organisationen sind, die im politisch-kulturellen Sinne als fundamentalistisch und im verfassungsrechtlichen Sinne als extremistisch bezeichnet werden müssen, das sind rund 1%[99]. Der Löwenanteil davon (ca. 27 000) gehört der *Islamischen Gemeinschaft Milli Görüs* an, die durch eine spezifische Kombination religiöser, kultureller, politischer und geschäftlicher Aktivitäten gekennzeichnet ist,

---

[98] Shabestari 2003
[99] Pfahl-Traughber 2001:45 ff.

deren Status als fundamentalistisch aber von langjährigen profunden Beobachtern zunehmend in Frage gestellt wird[100]. Diesem geringen Prozentsatz aktiv organisierter Islamisten steht die schon genannte empirische Studie zur politisch-kulturellen Einstellung jugendlicher Türken in der Bundesrepublik Deutschland vom Bielefelder Institut für Interdisziplinäre Konflikt- und Gewaltforschung ermittelte sehr viel höhere Zahl von rund *einem Drittel* Jugendlicher gegenüber, die aus einer islamistischen Motivation heraus bereit wären, zentrale Verfassungsgrundsätze der liberalen Demokratie zu verletzen oder zu beseitigen und dazu auch die Anwendung von Gewalt in Betracht ziehen[101]. Im Gegensatz zu einer gelegentlich vorgetragenen Kritik unterscheidet diese Studie sorgfältig zwischen verschiedenen Arten islamischer Frömmigkeit und ihren politischen Äußerungsformen, und ordnet der Kategorie „fundamentalistische Einstellungen" nur solche Orientierungen zu, auf die die genannten Kriterien zutreffen. Was immer mit Bezug auf eine solche Studie an Einschränkungen methodologisch angebracht erscheinen mag, ihre Ergebnisse liefern einen gut begründeten Anhaltspunkt für die Größenordnung der Verbreitung fundamentalistischer Einstellungen unter jugendlichen Türken in Deutschland.

Der springende Punkt im Verhältnis dieser beiden so unterschiedlichen Zahlen ist indessen ein anderer. Das Größenverhältnis dieser beiden Maßzahlen zueinander, des sehr geringen Organisationsgrades aktiver Fundamentalisten und des sehr großen Verbreitungsgrades des passiven oder latenten Fundamentalismus kann in Wahrheit nicht überraschen. Es entspricht annähernd den Befunden in vielen europäischen Ländern, besonders auch der Bundesrepublik Deutschland, über die Proportionen zwischen rechtsextremistischen Aktivisten und latentem Rechtsextremismus in der Mitte der Gesellschaft selbst[102]. Für die Bundesrepublik Deutschland muss davon ausgegangen werden, dass 51 000 Personen Mitglieder in rechtsextremistischen Vereinigungen sind, während ein annäherndes Drittel latent rechtsextremistische Orientierungen hegt. Obgleich der islamische Fundamentalismus und der ausländerfeindliche Rechtsextremismus Phänomene unterschiedlicher Ausprägung sind,

---

[100] Schiffauer 2010
[101] Heitmeyer/Müller/Schröder 1997
[102] Pfahl-Traughber 2001; Bundesministerium des Inneren 2000

stimmen sie in wichtigen Hinsichten, insbesondere in ihrer Gegnerschaft gegen kulturelle Liberalität, politischen Pluralismus und rechtsstaatliche Demokratie doch auch überein. Direkte Gegnerschaft und eine im Krisenfalle unter Umständen schnell aktivierbare latente Distanz zur rechtsstaatlichen Demokratie und ihren kulturellen Voraussetzungen sind demnach in der Mehrheitsgesellschaft selbst und in der islamischen Minderheit in vergleichbarer Größenordnung verbreitet, wenn auch nach Maßgabe der unterschiedlichen Gegebenheiten auf beiden Seiten in einer spiegelbildlich verkehrten inhaltlichen Fassung: islamistisches Ressentiment gegen Kultur und Institutionen der Mehrheitsgesellschaft dort, ausländerfeindliche Orientierungen hier, beide Male zu antiliberalen, antipluralistischen, ethnisch-kulturell und autoritär zugespitzten Abwehrmentalitäten verdichtet.

Nichts spricht dafür, dass der Islam unter den Weltreligionen eine Sonderstellung einnimmt, die seinen Wandel hin zu Öffnung, Pluralität und säkularer Rechtsstaatlichkeit ein für allemal blockiert. Große Teile seiner Bekenner haben ihn in Theorie und Praxis längst vollzogen. Ebenso wie der iranische Volksaufstand gegen die Wahlfälschungen des Jahres 2009, hat die demokratische Revolution der arabischen Zivilgesellschaften des Jahres 2011, die mit Tunesien, Marokko, Bahrain, Jemen, Syrien, Jordanien und Ägypten eine Vielzahl von Ländern der Region erfasste, mit ihrer Leidenschaft für die Freiheit und ihrem politischen Augenmaß die Welt beeindruckt. Sie haben durch die couragierte bürgerschaftliche Praxis großer Volksmassen ohne jeden Bezug zum islamischen Fundamentalismus überall ein neues Kapitel in der Geschichte ihrer Länder aufgeschlagen und den Willen der muslimisch geprägten Gesellschaften zu Freiheit und Demokratie historisch zu Protokoll gegeben. Die falsche Frage nach der Demokratiefähigkeit des Islam hat damit eine historisch bedeutsame Antwort erfahren.

Der Generalverdacht gegen ihn und die neuerliche Ausbreitung antiislamischer Stereotype ist nicht nur selbst ein Verstoß gegen die Grundwerte des säkularen Rechtsstaats, sie spielen auch wider Willen den islamischen Fundamentalisten in die Hände und schwächen die Glaubwürdigkeit der liberal-demokratischen Alternative.

4 Fundamentalismus und Demokratie

Eine transkulturelle Welt

Zivilisationsstile im Widerstreit

Kulturen lassen sich als dynamische soziale Diskursräume verstehen, die offen sind für differierende Verständnisweisen der Orientierungen, Kenntnisse, Praktiken und Normen, die sie enthalten. Neue Erfahrungen, soziale und kulturelle Widersprüche und die unterschiedlichen Akteure oder gesellschaftlichen Klassen, die sie zum Ausdruck bringen, sowie immerwährende äußere Einflusse halten die spannungsreiche Bewegung in Gang, in der sie in der unvermeidbaren Veränderung ihre Einheit zu wahren suchen[103]. *Zivilisationen* können in Anlehnung an Norbert Elias als die Prozesse und Resultate der Hereinnahme kultureller Normen in die Motivationsstruktur der Individuen und, damit verbunden, die voranschreitende gesellschaftliche Differenzierung und Institutionalisierung verstanden werden[104]. In diesem Verständnis besteht zwischen den Kulturen als der inhaltlichen Orientierung und der Zivilisation als der Form ihrer Entfaltung, Entwicklung und Differenzierung ein dialektisches Verhältnis. Der substantialistische Kulturbegriff, der in letzter Instanz nichts anderes bedeutet als die Reduktion von Kultur auf Natur, geht in seiner modernen Verwendung auf Herders „Kugelaxiom" zurück[105]. Der Prozess der Zivilisation entfaltet sich in jeder der Kulturen. Die religiös geprägten großen Kulturen sind keine naturwüchsig geschlossenen invarianten Systeme, sondern dynamische Sozialräume. Ihnen eignet, mit zunehmender Zivilisierung in unterschiedlichem Maße, ein reflexiver Zug, der insbesondere auch durch ihren beständigen Austausch untereinander genährt wird. Kulturen sind darum, wie vor allem die empirische Betrachtung sichtbar macht, in erster Linie Diskursformationen, in denen in ei-

---

[103] Vergl. Welsch 1994 , Schiffauer 2000
[104] Elias 1979
[105] Welsch 1994:6

Eine transkulturelle Welt

nem offenen Kräftefeld widerruflich entschieden wird, was die überlieferten Weltbilder, Werte und Lebensformen für die Gegenwart bedeuten können, zumeist übrigens für die unterschiedlichen Milieus, die sie enthalten, höchst Unterschiedliches. Die bis zur völligen Entgegensetzung unterschiedlichen Modi der Selbstauslegung des kognitiven und evaluativen Gehalts kultureller Überlieferung, beispielsweise eines modernen, traditionalistischen oder fundamentalistischen Modus des Verständnisses derselben Überlieferung, lassen sich im Anschluss an Werner Sombarts Begriff der Wirtschaftsstile als *Zivilisationsstile* bezeichnen[106].

Der kulturübergreifende empirische Vergleich zeigt, dass alle Kulturen unter beschreibbaren Bedingungen neben der modernisierenden und der traditionalistischen auch eine fundamentalistische Strömung der Selbstaktualisierung hervorbringen, die in ihren Strukturmerkmalen und ihren Funktionen trotz der großen Unterschiede der kulturellen Umwelten überall dieselben Eigenschaften zeigt und überall vergleichbare politische und psychologische Bedürfnisse bedient[107]. Die modernisierenden Strömungen, die in allen Kulturen Fuß gefasst haben, ähneln einander in der Struktur ihres Programms, das der Durchsetzung von Individualisierung, Rationalisierung, Universalismus, Pluralismus und der Trennung von Religion und Staat gewidmet ist. Die sozio-kulturellen Milieus, die sich innerhalb der verschiedenen Kulturen unter dem Einfluss der Modernisierungsdynamik ausbilden, haben über die Grenzen der Nationen und Kulturen hinweg mehr Gemeinsamkeiten untereinander als mit traditionalistischen oder gar fundamentalistischen Milieus in ihrer eigenen Ursprungskultur. Auch die vom Traditionalismus geprägten sozialen Milieus ähneln einander in elementaren Einstellungen wie der Verteidigung von Patriarchat, Hierarchie, Großfamilie, dem Vorrang der Tradition, der Zentralstellung der Religion im Leben der Gemeinschaft und des Einzelnen, ihrem organischen Gesellschaftsverständnis und einer Neigung zum politischen Autoritarismus über die Differenzen ihres kulturellen Sinnverständnisses hinweg in beträchtlichem Maße. Der Fundamentalismus nun sagt den beiden konkurrierenden Strömungen – Modernismus und

---

[106] Auch Marty/Appleby verwenden in ihrem resümierenden Essay zu den vergleichenden Studien über Fundamentalismus und Staat den Begriff eines „style of fundamentalist's imaginings, and the ways in which these imagined communities have been realized in local and state governments" (Marty/Appleby 1993:624)
[107] Vergl. v.a. Marty/Appleby aaO. und Münch 1986

Traditionalismus – in jeder der Kulturen den Kampf an und verficht kompromisslos das Ziel, durch seine eigene unbedingte Vorherrschaft mit der Übernahme der politischen Macht wieder die wahre Identität der überlieferten Kultur aus aller Verunreinigung neu auferstehen zu lassen und damit die Gesellschaft von den quälenden Problemen der Modernisierung und der Machtlosigkeit des Traditionalismus ein für allemal zu heilen. Zwar gehen fundamentalistische Strömungen in einzelnen Fällen über Kulturgrenzen hinaus erstaunliche Bündnisse für begrenzte Zwecke ein, Teile des protestantischen Fundamentalismus der USA unterhalten enge Beziehungen zu Teilen des jüdischen Siedlerfundamentalismus in Israel, und Scientology unterhält beste Kontakte zum islamischen Fundamentalismus in der Türkei. Solche Solidarität entsteht freilich nicht zum anderen Fundamentalismus als Nachbarn, wenn er im eigenen Nahbereich um die kulturelle Vormacht konkurriert, sondern zum fernen Fundamentalismus, der für dieselbe Sache kämpft und einsteht wie man selbst am eigenen Ort. Was sich in der realen Welt findet sind folglich keine homogenen Kulturen, sondern kulturelle Konflikt- und Gemengelagen auch innerhalb der übergreifenden Kulturräume. Weiter verbreitet bei den Fundamentalisten in aller Welt ist hingegen eine Haltung, die nicht nur die Konkurrenten innerhalb der eigenen gesellschaftlichen Lebenswelt unversöhnlich bekämpft, sondern ebenso die Repräsentanten des Fundamentalismus der anderen Kultur, die global gesehen vor allem Konkurrenten sind, die den eigenen Gewissheitsanspruch in Frage stellen.

Die Dialektik der drei grundlegenden Zivilisationsstile ist eine universelle Charakteristik aller Kulturen der modernen Welt. Da die vormachtorientierte Politisierung der kulturellen Differenz das Kennzeichen des Fundamentalismus in all seinen Varianten als politische Ideologie ist, sind Konflikte zwischen ihm und den Normen und Institutionen der kulturellen Moderne unvermeidlich. Insofern existiert in der Gegenwartswelt tatsächlich eine globale kulturelle Bruchlinie, aber sie verläuft nicht zwischen den Kulturen, sondern in ihnen, nämlich zwischen jenen, die nach der politischen Vormacht für ihr eigenes Verständnis der kulturellen Überlieferung streben und jenen, die einen politisch-rechtlichen Rahmen für das Zusammenleben der verschiedenen Kulturen und Zivilisationsstile verlangen. Sie prägt Teile des kulturellen und politischen Lebens in nahezu allen Gesellschaften, infolge der verstärkten Migration der letzten

Jahrzehnte ausnahmslos auch aller „westlichen" Demokratien. Wie können, wie müssen diese damit umgehen?

Sozio-kulturelle Milieus

Die unterscheidende Wirkung der konkurrierenden Zivilisationsstile, die stille, aber nachhaltige Revolution durch Verbreitung postmaterialistischer Werte, die Logik der kulturellen Modernisierung und die unterschiedlichen sozialen und wirtschaftlichen Erfahrungswelten haben zu einer weit aufgefächerten Binnendifferenzierung der Wertorientierungen in den zeitgenössischen Gesellschaften geführt. Im Anschluss an die Arbeiten des französischen Soziologen Pierre Bourdieu ist dies in den Milieu-Studien des Sinus-Instituts, Heidelberg, und des Sigma-Instituts, Mannheim, eindrucksvoll und mit vielen lebensweltlichen Details zunächst für die Bundesrepublik Deutschland und mittlerweile für eine größere Anzahl europäischer Gesellschaften, sowie für die USA, Kanada, Japan und Thailand gezeigt worden[108]. Die konkrete Alltagskultur und die kulturell-politischen Orientierungen der unterschiedlichen gesellschaftlichen Milieus driften in allen Gesellschaften weit auseinander. Milieus sind soziale Kollektive, die in ihren zentralen ethischen, kulturellen und alltagsästhetischen Orientierungen weitgehend miteinander übereinstimmen, sich aber von den Angehörigen der anderen Milieus tatsächlich und ihrem eigenen Empfinden nach deutlich und zum Teil scharf unterscheiden. Sie teilen Werte, Lebensgüter und Lebensphilosophien und haben zu den grundlegenden Fragen ihres Verhältnisses zu Arbeit und Beruf, materieller Sicherheit und Lebensstrategie, aber auch zu Politik, Gesellschaft, Familie, Partnerschaft, in ihren Vorstellungen von Glück und Liebe, Gerechtigkeit, Individualität und Gleichheit, Freizeitgestaltung, den bevorzugten Formen ihrer Kommunikationsgewohnheiten und des sozialen Lebens übereinstimmende Vorstellungen. Ihre alltagsästhetischen Grundbedürfnisse gleichen einander weitgehend, dies betrifft Kommunikationsmedien, die sie nutzen, die Filme, die sie bevorzugen, die Wohnwel-

---

[108] Bourdieu 1987. Zur Arbeit des Sinus und des Sigma-Instituts vergl. Flaig/Meyer/Ueltzhöfer 1993. Darüber hinaus hat mir das Sigma-Institut, Mannheim, Einblick in unveröffentlichtes Material über Japan und Thailand gewährt.

ten, in denen sie sich zu Hause fühlen, die Orte, die sie aufsuchen, die Kleidung, in der sie sich wohlfühlen und gesehen werden wollen. Zwischen den Angehörigen desselben Milieus ist die Kommunikation intensiv und sympathisierend, mit den Repräsentanten der anderen Milieus werden viel weniger Beziehungen unterhalten; sie werden einander um so fremder, je mehr sie sich in ihrer Lebensethik und Alltagsästhetik voneinander unterscheiden. Für die Zugehörigkeit zu einem Milieu spielen Einkommen und Bildung zwar weiterhin eine begrenzende, aber keine eindeutig bestimmende Rolle mehr. Dem Einzelnen steht es, mitbedingt durch Beruf und soziale Erfahrung, in zunehmendem Maße frei, seine eigene Lebensethik und Alltagsästhetik zu wählen und damit einem der höchst verschiedenartigen Werte-Milieus zuzugehören. Je nachdem, ob ihn eine mehr traditionelle, materielle oder modernisierte Wertorientierung überzeugt, und je nachdem, welche der verschiedenartigen Ästhetiken des Alltagslebens er als Ausdruck seines eigenen Lebensstils empfindet, findet er sich in seiner Erfahrungswelt inmitten eines je besonderen Milieus, mit seinesgleichen eng verbunden, von den Anderen distanziert oder gar entfremdet.

In der Bundesrepublik Deutschland lassen sich nach diesen Maßstäben neun sozio-kulturelle Milieus unterscheiden[109]. Im Bereich der Oberschicht und der oberen Mittelschicht das Konservativ-Gehobene, das Technokratisch-Liberale und das Alternative Milieu. Sie gehören annähernd denselben Einkommensgruppen an, haben dasselbe Bildungsniveau, sind aber mit steigender Tendenz in der genannten Reihenfolge in ganz unterschiedlichem Maße von modernisierten Wertmustern geprägt. Dasselbe gilt im Bereich der mittleren Einkommen und Bildungsniveaus für das Kleinbürgerliche, das Aufstiegsorientierte und das Neue Arbeitnehmermilieu, und im Bereich der Unterschichten für das Traditionelle und das Traditionslose Arbeitermilieu. Das Hedonistische Milieu mit seiner Orientierung am Genuss als Lebensstil liegt mehr als alle anderen Milieus quer zu den sozialen Schichtunterschieden und umfasst Menschen aus allen Einkommens- und Bildungsschichten. Angehörige des Kleinbürgerlichen und des Alternativen Milieus, des Traditionellen Arbeitermilieus und des Technokratisch-liberalen Milieus, des Konservativen und des Hedonistischen Milieus, um beispielhafte Kontrastpaare zu

---

[109] Zuletzt Neugebauer 2007

nennen, besitzen ganz unterschiedliche Wertewelten. Sie unterscheiden sich weitgehend in ihrer Auffassung von Individualität und Gemeinschaft, Gleichheit und Ungleichheit, sozialer Regelung und Liberalität, Familie, Umwelt und Beruf – im Maße, in dem sie auf je unterschiedliche Weise von den Werten des Traditionalismus, der Modernisierung oder des Postmaterialismus geprägt sind. Diese Differenzen schließen auch weitgespannte Unterschiede in der Einstellung zu Minderheiten, zu anderen Kulturen, zu gesellschaftlicher Solidarität und zum politischen Handeln ein.

Die bisher vorliegenden Forschungsergebnisse über die soziokulturellen Milieus begründen die Annahme, dass die Übereinstimmungen in den wichtigen Wertorientierungen zwischen den modernisierten und postmaterialistisch geprägten Milieus in den Gesellschaften der unterschiedlichen Kulturkreise größer sind als mit den traditionalistischen Milieus der eigenen Gesellschaft. Viele der Symbole, der religiösen und kulturellen Rituale, der alltagsästhetischen Lebensgewohnheiten und Praktiken überwölben zahlreiche Milieus, wenn auch nicht alle, mit einer gemeinsamen kulturellen Oberfläche – etwa Hochzeitszeremonien, Einweihungsfeste, Begräbnisfeiern. Aber in den Wertorientierungen, die das wirtschaftliche Handeln, die sozialen Erwartungen, die gesellschaftlichen Leitbilder, die politischen Ordnungsvorstellungen sowie das Maß der Offenheit für das Andere bestimmen, ist die kulturelle Differenzierung innerhalb der Gesellschaften der Gegenwart weit vorangeschritten, so weit dass die transkulturellen Gemeinsamkeiten in den modernisierten Milieus nach allem, was wir wissen, überwiegen. In diesem Sinne sind die modernen Gesellschaft infolge ihrer starken internen Ausdifferenzierung in sozio-kulturelle Milieus daher schon von sich aus transkulturell verfasst[110].

Ein Muster von Differenzierung und Überlappung

Darum ist die Aussagekraft bloßer nationaler Durchschnittsbefunde über die Werteprofile von Gesellschaften und Kulturen letztlich begrenzt. Sie enthalten zwar Hinweise über die Nachwirkungen von Traditionen, vernachlässigen und pauschalisieren aber das relative Gewicht der unter-

---

[110] Nassehi 2010

schiedlichen Milieus innerhalb der betrachteten Gesellschaft. Auch bedeutende Differenzen, soweit sie bei einzelnen Grundwerten tatsächlich festgestellt werden, haben einen eingeschränkten Informationswert, weil sie über die eigentlich interessante Verteilung dieser Werte auf die unterschiedlichen Milieus und deren jeweils andersgeartete Rolle in Wirtschaft, Staat und Gesellschaft nichts mitteilen. Die Befunde aus den Untersuchungen von Hofstede und Inglehart sind gerade darum bedeutsam, weil sie keine scharfen Kontraste zwischen den Kulturen ergeben haben, sondern Überlappungen und innere Differenzierungen. Dieses Ergebnis widerlegt die Annahme, ein Kampf der Kulturen sei wegen der unversöhnlichen Differenz ihrer Grundwerte in ihrer inneren Verfassung angelegt. Ein empirisch angemessenes Bild vom Ausmaß der inneren Differenzierung und von den sozialen Trägergruppen der Überlappung im Verständnis der Grundwerte werden wir indessen erst gewinnen, wenn wir mehr über die sozio-kulturellen Milieus in den einzelnen Gesellschaften wissen. Die Kenntnisse, über die wir in dieser Hinsicht schon heute verfügen, sind gleichwohl ein weiterer Beleg dafür, dass die politische Polarisierung ganzer Kulturen kein Fundament in der Wirklichkeit hat. Die interessantesten und von sich aus politisch folgenreichsten Unterschiede entwickeln sich vielmehr innerhalb einer jeden Kultur und Gesellschaft. Diese Unterschiede vertragen sich gleichwohl, wie die Befunde und die Erfahrung zeigen, mit der gemeinsamen Akzeptanz derjenigen elementaren Grundwerte, die das Zusammenleben der sozio-kulturellen Milieus in derselben Gesellschaft und im selben politischen Gemeinwesen möglich machen.

Angesichts dieses mehrdimensionalen Musters von kultureller Differenzierung und Überschneidung hat Wolfgang Welsch mit überzeugenden Gründen dafür plädiert, das Kugelaxiom gegeneinander verschlossener Kulturen, das die Debatten der Gegenwart fortwirkend belastet, durch ein neues Verständnis von „transkultureller Wirklichkeit" zu ersetzen[111]. Ein solches Konzept stellt von vornherein in Rechnung, dass sich in der Gegenwart die überlieferten Kulturen als Ergebnis ihrer vielfältigen Interaktionen immer schon intern in bestimmendem Maße durchdringen. Was wir wirklich beobachten können, ist eben nicht der Zusammenstoß von Kugeln, sondern das „Weben transkultureller Netze", die an unter-

---

[111] Welsch 1994

Eine transkulturelle Welt 115

schiedlichen Orten auf je eigene Weise dann zu Verdichtungen und Strukturbildungen führen, die nirgends mehr den Homogenitätsfiktionen der Überlieferung entsprechen, es sei denn als Ergebnis einer bloß inszenierten kulturellen Eigentlichkeit.

Immer seltener decken sich die ohnedies recht durchlässigen Außengrenzen der sozio-kulturellen Milieus mit geographischen Räumen. Ihre Netzwerke sind in den gesellschaftlichen Lebensräumen und zwischen unterschiedlichen Gesellschaften verwoben. Überall auf der Welt ist darum die Einheit von kultureller Identität und Staatsbürgerschaft, von sozio-kultureller Lebensform, räumlicher Abschließung und politischer Verfassung unwahrscheinlich geworden oder in Auflösung begriffen. Auch wo die Gewaltpolitik der ethnischen „Säuberung" künstlich und mit blutigen Opfern „Kultur" und Lebensraum in Übereinstimmung bringen will, wird sich, sobald die heißeste Phase des Bürgerkriegs vorüber ist, die wenige Unterscheidungen zulässt, rasch wieder zeigen, dass jede der mit Zwangsgewalt homogenisierten „Ethnien" in sich selbst kulturell viel mannigfaltiger ist, als es die offizielle Ideologie zulassen kann. Das Bedürfnis nach Identität bleibt freilich lebendig und machtvoll, und es ist so gut wie sicher, dass am Ende allein die rigidesten Formen fundamentalistischer Identitätsversprechen profitierten, wenn sich alle kulturellen Orientierungen in unbestimmten Gemengelagen auflösen. Indessen wird es infolge der grenzenlosen Kommunikation, der sozialen Differenzierung und der nachbarschaftlichen Überlappung der sozialen Gruppen fast unvermeidlich, dass „die Züge der Pluralität und Transkulturalität ... bis in den Kern der partikularistischen Identitäten" hineinreichen[112]. Der fundamentalistische Wahn einer homogenen kulturellen Identität, zumal wo er als Voraussetzungen der Einheit legitimer politischer Gemeinwesen verstanden wird, bleibt in der Moderne daher immer ein kurzer Traum, der allerdings oft eine lange blutige Spur hinterlässt.

---

[112] Welsch 1994.:27

Kultureller Pluralismus und Demokratie

Staatsbürgerschaft und politische Kultur

Worauf es angesichts der transkulturellen Wirklichkeit ankommt, ist folglich ein Verständnis von Staatsbürgerschaft, das das gleichberechtigte Zusammenleben von Bürgern unterschiedlicher kultureller Identität ermöglicht und garantiert. Theoretische Ausführungen zum Thema Staatsbürgerschaft beschränken sich häufig auf die Feststellung, dass die Staatsbürger der rechtsstaatlichen Demokratie in ausreichendem Maße in der Lage sein müssen, von ihren privategoistischen und Gruppeninteressen zu abstrahieren und am öffentlichen Diskurs in einer Perspektive der Orientierung am Gemeinwohl teilzunehmen. Für kulturell pluralistische Gesellschaften hat der kanadische Sozialwissenschaftler Will Kymlicka daraus die überzeugende Schlussfolgerung gezogen, dass die Angehörigen unterschiedlicher sozio-kultureller Kollektive in der Lage sein müssen, in ihrer Staatbürgerrolle den Horizont ihrer kulturellen Identitäten zu transzendieren[113]. Die eigentlichen Probleme, die damit für die Praxis aufgeworfen sind, zeigen sich aber erst, sobald diese hohe Abstraktionsebene verlassen wird und nach den genaueren Bestimmungsgründen und der konkreten normativen Ausstattung der Rolle des Staatsbürgers in rechtsstaatlichen Demokratien gefragt wird.

Die Minima der staatsbürgerlichen Orientierung, derer die Demokratie als soziale Realität unbedingt bedarf, wenn ihr institutioneller Bestand gesichert und ihre funktionellen und normativen Ansprüche erfüllt werden sollen, zeigen sich auf empirischer Ebene in den Ergebnissen der politischen Kulturforschung, die nach den real fungierenden Orientierungen in stabilen Demokratien und den empirisch beobachtbaren Defiziten in labilen Demokratien fragt. Diese haben gerade auch für klassisch ethnisch-kulturell und kulturell-religiös pluralistische Gesellschaften wie die USA und Indien gezeigt, dass sich unter eingelebten rechtsstaatlich-demokratischen Bedingungen die Trennung der Ebenen der jeweils besonderen Glaubens- und Lebenskulturen von der von fast allen geteilten politischen Kultur des Zusammenlebens zuverlässig einspielen kann[114].

---

[113] Kymlicka 2000:35
[114] Für die USA Almond/Verba 1963, für Indien Ali Ashraf 1994, 1995

Alles spricht dafür, dass sich ihre allmähliche Verwurzelung in den unterschiedlichen Lebenskulturen umso reibungsloser vollzieht, je deutlicher diese die Erfahrung machen, dass die religiös und weltanschaulich neutrale politische Kultur sie nicht bedroht, sondern garantiert und schützt.

Seit den Studien von Gabriel Almond und Sidney Verba weisen diese Forschungsergebnisse immer wieder aus, dass in einer stabilen Demokratie die große Mehrheit aller Bürger zumindest die folgenden Orientierungen in einen ausreichendem Maße habitualisiert haben muss: Vertrauen in die Mitbürger; ausreichende Kenntnisse, sowie emotionale und wertgebundene Zustimmung im Hinblick auf das politische Gesamtsystem, in dem sie leben, dessen Teilhabemöglichkeiten und grundlegenden Leistungen und ihre eigene Verantwortung in ihm; aktive Toleranz; Fähigkeit zur emotional stabilen Verbindung von Konflikten in Sachfragen mit Übereinstimmung in demokratischen Grundüberzeugungen; emotionale Fähigkeit der Trennung von politischer Differenz und menschlicher Anerkennung[115]. Zu den staatsbürgerlichen Voraussetzungen gehören daher in kulturell pluralistischen Gesellschaften die Fähigkeit zur Teilhabe am öffentlichen Diskurs und die Bereitschaft zu bürgerschaftlichem Vertrauen, zu Toleranz und wechselseitiger Anerkennung über die ethnokulturellen oder kulturell-religiösen Milieu-Grenzen hinweg. Alle Staatsbürger müssen unabhängig von ihrer jeweils besonderen kulturell-ästhetischen, ethno-kulturellen, ideologischen oder kulturell-religiösen Identität in demokratisch verfassten Gesellschaften diese Minima der politischen Kultur teilen können, da sie Voraussetzung für das praktische Funktionieren, für die Legitimation und für die Stabilität demokratischer Gemeinwesen sind. Dabei handelt es sich nicht um abstrakte Zumutungen an sie, die ihre Fähigkeit zum republikanischen Idealismus überfordern, sondern um die praktische Konsequenz aus der Einsicht, dass die Übernahme einer solchen politischen Kultur nichts anderes ist als die Garantie für die wechselseitige Anerkennung des Rechts der Selbstbehauptung jeder Einzelnen von ihnen, also ein unmittelbares existentielles Interesse aller.

---

[115] Almond/Verba 1963

Drei Ebenen kultureller Identität

Dabei drängen sich vier Fragen auf. *Erstens*: Lassen Geschichte und gesellschaftlich-politischer Status der Beziehungen zwischen den jeweils in einem Gemeinwesen koexistierenden Kollektiven die Ausbildung einer solchen gemeinsamen politischen Kultur für sie alle gleichermaßen als zumutbar erscheinen? *Zweitens*: Ist nicht schon die Zumutung der Übernahme einer solchen politischen Kultur der Demokratie ein Angriff auf die besondere kulturelle Identität bestimmter Kollektive aus der Perspektive anderer? *Drittens*: Bedeutet die Übereinstimmung in den Grundfragen einer solchen politischen Kultur letzten Endes nicht die Preisgabe des Koexistenz-Konzepts der Integration zugunsten von Assimilation? Und *viertens*: Welche sozialen, politischen und rechtlichen Bedingungen müssen mindestens erfüllt sein, damit die Ausbildung einer gemeinsamen politischen Kultur in kulturell pluralistischen Gesellschaften wahrscheinlich wird?

Jede politische Kultur ist faktisch ein mit der allgemeinen ethischen und Lebenskultur verwobener Teil der Gesellschaft, sie ist, wie Habermas es nennt, ethisch imprägniert[116]. Sie umfasst zum einen diejenige Teilmenge der Einstellungen, Orientierungen, Emotionen, Werturteile, Kenntnisse und Verhaltensdispositionen der allgemeinen Kultur, die sich speziell auf politische Objekte bezieht. Sie schließt aber auch einen gemeinsamen Entwurf dessen ein, was die Staatsnation als ihre politische Identität und als das gemeinsame Sinnzentrum ihres politischen Handelns betrachtet. Zur Klärung dieser Zusammenhänge ist eine Rückbesinnung auf den Charakter von Kulturen als dynamische soziale Diskursräume angebracht. Sie bilden mit zunehmender Differenzierung Normen, Überzeugungen und Gewohnheiten auf drei sich deutlich voneinander unterscheidenden Ebenen aus. Diese stehen zwar untereinander in Wechselwirkung, sind aber dennoch weitgehend unabhängig voneinander:

---

[116] Habermas 1997:178

Ebene Eins der *metaphysischen Sinngebungen und Heilserwartungen* (*ways of believing*). Bei diesen Orientierungen handelt es sich um das, was im Kern aller Weltanschauungen und Religionen steht, nämlich ein Angebot an Wegen für die Weltdeutung sowie die individuellen und kollektiven Lebens- und Heilsgewissheiten.

Ebene Zwei der *individuellen und kollektiven Lebensführung*, also der Lebensweisen und der Alltagskultur (*ways of life*). Dabei handelt es sich insbesondere um Praktiken, Gewohnheiten, Ethiken der Lebensweise, Rituale, Umgangsformen, Lebensästhetiken, Essgewohnheiten, überwiegend Orientierungen der praktischen Lebensführung und deren expressiven Symbole, also all das, was in aller Regel zuerst an einer anderen Kultur ins Auge sticht und häufig besonders nachhaltig die Gewohnheit der Menschen prägt, die mit den entsprechenden Praktiken und Routinen aufgewachsen sind.

Ebene Drei der *sozialen und politischen Grundwerte des Zusammenlebens* mit anderen (*ways of living together*). Hierbei handelt es sich vor allem um die Grundwerte für das Zusammenleben verschiedenartiger Menschen in derselben Gesellschaft und demselben politischen Gemeinwesen, also um die sozialen und politischen Grundwerte im engeren Sinne, wie etwa die Bevorzugung von Gleichheit oder Ungleichheit, Individualismus oder Kollektivismus.

Es zeigt sich in der empirischen Betrachtung aller zeitgenössischen Kulturen, dass Individuen und Kollektive, die die kulturellen Orientierungen der *Ebene Eins* miteinander teilen, äußerst unterschiedlicher Einstellung auf den *Ebenen Zwei* und *Drei* sein können, ebenso wie Menschen aus tiefliegender Überzeugung die Normen der *Ebene Drei* teilen können, ohne auf den anderen beiden Ebenen Gemeinsamkeiten miteinander zu haben. Es liegt auf der Hand und wird vor allem von der neueren Alltagskultur- und Milieuforschung immer aufs Neue bestätigt, dass etwa zwei gläubige protestantische Christen (*Ebene Eins*) in unserer eigenen Gesellschaft extrem unterschiedliche alltagskulturelle Lebensweisen wählen können, der eine z.B. eine „kleinbürgerliche", der andere eine „alternative", in ihren sozialen und politischen Grundwerten dann aber wieder übereinstimmen könnten, z.B. eine egalitär-liberale Position oder auch entgegengesetzte Positionen vertreten können. Das bedeutet aber gerade nicht, dass die Religion für die Gläubigen nun etwa für ihre Alltagskultur und ihre politischen Einstellungen keine Bedeutung mehr hätte, sondern nur, dass sie zunehmend unterschiedliche Verbindungen zwischen ihren Glaubensüberzeugungen und dem herstellen, was diese für beide Bereiche zu bedeuten haben. Die Bindungen zwischen den Ebenen gehen in aller Regel nicht verloren, sie werden nur uneindeutiger und vielfältiger, eine Welt von Optionen tritt an die Stelle der ehedem engen Befehlsketten.

Der normative Funktionssinn der rechtsstaatlichen Demokratie besteht nun gerade darin, die Festlegungen auf der *dritten* Ebene (Institutionen sowie soziale und politische Grundwerte) so zu treffen, dass ein möglichst großer Spielraum der Entscheidungsfreiheit auf den *Ebenen Eins* (Religion) und *Zwei* (Alltagskultur) entsteht. Diese beiden Ebenen der privatautonomen Handlungsfreiheit sind der Entscheidung und Verantwortung der Individuen und gesellschaftlichen Kollektive vorbehalten. Die politische Kultur der Demokratie kann sich demnach legitimerweise nur auf Übereinstimmungen auf der *Ebene Drei* beziehen, also auf die sozialen und politischen Grundwerte des Zusammenlebens und des Schutzes der Individuen und Minderheiten. Der Funktionssinn der rechtsstaatlichen Demokratie besteht mithin in der Festlegung desjenigen Minimums auf der *Ebene Drei*, das das Maximum an Differenz auf den *Ebenen Eins* und *Zwei* verbürgen kann. Diese Garantien kann die rechtsstaatliche Demokratie allerdings nur geben, weil und solange die Grundwerte der dritten Ebene durch die Art und Weise der kulturellen Identitätsbildung und Praxis auf den anderen beiden Ebenen nicht in Frage gestellt werden.

Der Prozess der Differenzierung vollzieht sich auf allen drei kulturellen Ebenen, obgleich die allgemeinste Ebene der Sinn- und Heilserwartungen häufig besonders kontinuierlich ihren, wenn auch mit der Zeit ausgedünnten, Vorrat an Sinnangeboten zur Verfügung stellt. In diesem dynamischen Prozess spielen auch in der Gegenwart, wie im Übrigen ja in der Geschichte immer schon, kulturelle Außeneinflüsse und infolgedessen Formen der Synthese zwischen der eigenen Überlieferung einer Kultur und Elementen des „Anderen" eine beträchtliche Rolle.

Eines der wesentlichen Merkmale des Fundamentalismus besteht nun aber gerade darin, die Differenzierung der drei kulturellen Bezugsebenen, eben weil sie sich zunehmend abzeichnet, wieder rückgängig zu machen und durch einen Integralismus[117] zu ersetzen, der den Anspruch erhebt, sie alle seien durch invariante Normen der Glaubensebene ein für allemal lückenlos determiniert, insbesondere auch die Legitimationsgrundlage, die Grundwerte und die Verfassung des politischen Gemeinwesens. Fundamentalistische Formen kultureller Identität verträgt die Demokratie daher prinzipiell nicht. Diese können aber auch in der empirischen Realität aller kulturell-religiösen Traditionen der Gegenwart nicht den Anspruch erheben, die authentische, geschweige denn allein legitime Form der kulturellen Selbstbehauptung derjenigen Tradition zu sein, in deren Namen sie sprechen. Kulturelle Identität gibt es aus den dargelegten Gründen in den kulturell-religiösen Traditionen der Welt empirisch immer nur im Plural. Selbst die übergreifenden Zivilisationsstile in den großen Kulturen, Fundamentalismus, Traditionalismus und Moderne, differenzieren sich in allen Gesellschaften intern in eine Vielzahl soziokultureller Milieus weiter aus. Das kulturelle Kaleidoskop, das daraus entsteht, enthält überall auch orientierende Verdichtungen der kollektiven Identitätsbildung, aber diese sind immer schon von vielen Außeneinflüssen durchwoben, für Wandel offen und längst nicht mehr wie Perlen auf den Schnüren ursprünglicher religiöser Identitäten aufgereiht. Die Kulturen befinden sich alle als widerspruchsvolle soziale Diskursräume in Bewegung.

Integration statt Assimilation

Spätestens seit sich nun auch die Bundesrepublik Deutschland offiziell als Einwanderungsland versteht, ist die Integration der Migranten zum politischen Programm geworden[118]. Es bleibt dabei zunächst eine offene Frage, ob innerhalb der Kollektive der Migranten und innerhalb der Aufnahmegesellschaft unter „Integration" wenigstens annähernd dasselbe verstanden wird. Begrifflich und in der Sache ist nämlich umstritten, ob

---

[117] Weswegen im Französischen regelmäßig der Begriff intégrisme zur Bezeichnung des Fundamentalismus Verwendung findet.
[118] Unabhängige Kommission Zuwanderung 2001: Zuwanderung gestalten. Integration fördern. Berlin.

sich die beiden Zielsetzungen der Integration und der Wahrung einer von den kulturellen Identitätsmustern in der Aufnahmegesellschaft höchst unterschiedlichen ethno-kulturellen bzw. kulturell-religiösen Identität dem Anspruch nach und in der sozialen Lebenspraxis miteinander vereinbaren lassen. Bei der Ausbildung einer politischen Kultur geht es um die kollektive Habitualisierung real wirksamer Handlungsorientierungen. In dieser Hinsicht stellen sich aus politikwissenschaftlicher und demokratiepolitischer Sicht zwei entscheidende Fragen. Die eine ist die nach inhaltlichen Standards, denen eine solche politische Kultur der Demokratie mindestens genügen muss, um ihre integrative und stabilisierende Funktion erfüllen zu können. Die andere ist die nach den fördernden und hemmenden sozialen Bedingungen der Ausbildung einer auf diese Standards bezogenen gemeinsamen demokratischen politischen Kultur in kulturell pluralistischen Gesellschaften. Dabei ist die Frage nach der Begründbarkeit solcher Normen natürlich keineswegs unbedeutend. Ihre plausible Beantwortung in öffentlichen Diskursen ist in aller Regel vielmehr eine der notwendigen Bedingungen für deren kulturelle Habitualisierung. Denn erst aus dem Zusammenspiel von Deutungskultur und Sozio-Kultur, von öffentlich wirksamen Begründungen und kulturellen Alltagserfahrungen ergibt sich die Dynamik der Entwicklung politischer Kulturen als psycho-sozial wirksamer Handlungsorientierungen gesellschaftlicher Kollektive [119].

Jürgen Habermas betont in seinen Analysen der kulturellen Anerkennungskämpfe im demokratischen Rechtsstaat ebenfalls die Schlüsselrolle der politischen Kultur als motivationaler Verankerung demokratischer Normen für die politische Integration, lässt aber offen, worin sie über die Unterstützung der bestehenden rechtsstaatlich-demokratischen Institutionen hinaus bestehen soll. Bei ihm bleibt es in der Schwebe, ob es dabei vor allem um den prozeduralen Konsens des demokratischrechtsstaatlichen Verfahrens geht oder doch um einen weiter gefassten Satz von ethischen Normen und Werten, die tiefer und umfassender mit der Gesamtkultur der jeweiligen Gesellschaft verflochten sind[120]. Politische Kultur, daran lässt er keinen Zweifel, muss als das für die politische Integration entscheidende Segment der Sittlichkeit konkreter Gemeinwe-

---

[119] Rohe 1987.
[120] Habermas 1997:181f

Kultureller Pluralismus und Demokratie 123

sen verstanden werden und nicht nur als eine Forderung der politischen Moral. Die Frage nach den für ethno-kulturell bzw. kulturell-religiös pluralistische Gesellschaften notwendigen gemeinsamen Grundnormen bezieht sich daher auf den Zusammenhang und die Wechselbeziehung zwischen den drei einschlägigen Größen: den begründbaren Grundnormen des politischen Zusammenlebens in der Demokratie, den Bedingungen der Ausbildung einer ihnen entsprechenden politischen Kultur sowie dem Verhältnis zwischen dieser und den Differenzen ethno-kultureller oder kulturell-religiöser Identitäten.

In den rechtsstaatlichen Demokratien der Gegenwart sind es nicht nur die von allen zu achtenden Regeln der Moral, der Gleichheit der Person und ihrer Würde und der wechselseitigen Anerkennung, die den Raum für die Selbstbehauptung divergenter Lebensführung und Glaubensüberzeugung, also für die Entfaltung der konkurrierenden Zivilisationsstile der Aktualisierung gemeinsam geteilter kultureller Orientierungen erst schaffen. Auch die weiter gehenden konkreten Werte und Normen der politischen Kultur der Demokratie gehören zu den ermöglichenden Bedingungen des kulturellen Pluralismus. Weil sie die Bedingung für Autonomie und Selbstbehauptung der unterschiedlichen Identitäten sind, können beide nicht ohne Selbstwiderspruch von diesen partikulären Identitäten her selbst wieder in Frage gestellt werden. Eine partikulare Kollektiv-Ethik bzw. Weltanschauung an die Stelle von Moral, Recht und der Sittlichkeit der politischen Kultur des demokratischen Rechtsstaat zu setzen, die für alle gelten, ist der Kern des modernen Fundamentalismus. Dies schließt ihn als legitimen Teilhaber am kulturellen Pluralismus aus, da er ja die demokratischen Regeln allenfalls unter Vorbehalt hinnimmt, entweder mit bestimmten Ausnahmen, die besonders sensible religiöse Überzeugungen betreffen, oder bis zu dem Zeitpunkt, an dem er selbst die Macht ergreifen kann.

Ob die Ausbildung einer gemeinsamen politischen Kultur der Demokratie als Voraussetzung für eine nachhaltig stabile politische Integration tatsächlich gelingt, hängt auch von Geschichte und spezifischer Qualität der Beziehungen zwischen den ethno-kulturellen bzw. kulturell-religiösen Teilgruppen der jeweiligen Gesellschaft ab. Im Falle indigener Völker, die nach Autonomie oder einem autonomen Sonderstatus streben, sind die Hürden dafür häufig zu hoch, vor allem dann, wenn sie sich von den eigentlichen politischen Entscheidungszentren ferngehalten fühlen. Wo aber das Ziel der gleichberechtigten Integration in einem gemeinsamen Staatswesen von allen Beteiligen angestrebt wird, bieten jedenfalls die Unterschiede der Herkunftskulturen keine unüberwindbaren Hindernisse für die Ausbildung einer von allen geteilten politischen Kultur. Der beste Nährboden dafür ist, wie die Untersuchungen des indischen Sozialwissenschaftlers *Ashutosh Varshney* eindrucksvoll belegen, die interkulturelle Kooperation in der Zivilgesellschaft[121].

Zivilgesellschaftliche Integration

Eine optimale Gelegenheit

Die Zivilgesellschaft muss aus einer Reihe empirisch gestützter Gründe als die zentrale Gelegenheitsstruktur für die Ausbildung und Selbsterhaltung der politischen Kultur angesehen werden. Für die Gewährleistung der sprachlichen Verständigungsfähigkeit und eines verbindenden Geschichtsverständnisses als Voraussetzungen einer geteilten politischen Kultur ist vor allem das Bildungssystem zuständig. Wie die Forschung zum Entstehen und zur Erhaltung von sozialem Kapital gezeigt hat, ist für die Schaffung der handlungsbezogenen Orientierungen einer gemeinsamen politischen Kultur, wie Vertrauen, Verständnis- und Kooperationsfähigkeit sowie Solidarität, die beständige Chance zur Zusammenarbeit in den Foren, Initiativen, Netzwerken und Freundeskreisen der Zivilgesellschaft ausschlaggebend, in denen sich die eigenen Interessen der Engagierten und die verbindenden Interessen des Gemeinwesens überlappen[122]. Gemeinsame Handlungsorientierungen können verlässlich nur aus einer gemeinsamen Praxis des sozialen, zivilgesellschaftlichen und politischen Handelns hervorgehen und sich in ihr fortlaufend erneuern.

Die niederländischen politischen Kulturforscher *Meindert Fennema* und *Jean Tillie* gelangen in ihren Untersuchungen zur Ausbildung politischer Kultur in kulturell pluralistischen Gesellschaften zu dem Befund, dass Vertrauen vor allem aus zivilgesellschaftlicher Zusammenarbeit

---

[121] Varshney 2002
[122] Putnam 2000

Zivilgesellschaftliche Integration 125

resultiert.[123] Vertrauen und Sozialkapital entstehen ursprünglich an den konkreten Orten der freiwilligen Zusammenarbeit zu gemeinsamen Zwecken und werden dann durch eine Vielzahl überlappender Mitgliedschaften in Vereinen und horizontaler Vernetzungen zwischen ihnen zu einer „Zirkulation des Vertrauens" über die ganze Bandbreite des zivilgesellschaftlichen Spektrums hinweg verbreitet. Demnach sind es vor allem drei soziale Handlungszusammenhänge, die die Zivilgesellschaft zur primären sozialen „Werkstatt" zur Erzeugung von Vertrauen und Sozialkapital als Kernelemente einer integrierten demokratischen Kultur machen: *erstens* das unmittelbare verständigungsgeleitete Zusammenwirken in einer konkreten sozialen Organisation für gemeinschaftliche Zwecke mit einem dichten Netz andauernder persönlicher Interaktionsbeziehungen, *zweitens* eine Vielfalt überlappender Mitgliedschaften einer großen Zahl aktiver Bürger und *drittens* die horizontale (nicht-hierarchische) Vernetzung der Organisationen und Initiativen innerhalb der Zivilgesellschaft.

Integration unterscheidet sich prinzipiell von Assimilation, da sie nicht auf die Angleichung der Lebenskulturen zielt, sondern ausschließlich auf die Ausbildung einer verbindenden politischen Kultur und die Schaffung gleicher Teilhabechancen in allen gesellschaftlichen Bereichen. Sie kann nur als ein längerfristiger zielgerichteter Prozess verstanden werden, der die Identitäten aller Beteiligten verändert. Sein Gelingen hat zahlreiche Voraussetzungen. Dazu gehören neben den in der politischen Kultur der Demokratie und ihrer Staatsbürgerrolle begründeten normativen Zielwerten vor allem auch empirische Erfolgsbedingungen. Die erste besteht in der wechselseitigen Anerkennung. Integration ist nicht eine Art sozialer Addition, bei der zu der unveränderlichen Größe der vorhandenen Mehrheitsgesellschaft die kleine Teilgröße der Migranten einfach hinzukommt und sich dabei so verändern muss, dass sie in die vorgegebene Gleichung passt. Sie kann in Wahrheit nichts anderes sein als ein viel-dimensionaler Prozess, in dem Formen der wechselseitigen Anerkennung und der durch sie bedingten Selbstveränderung beider Seiten auf aktive und bewusste Weise in ein Verhältnis zueinander treten. Im Verlaufe des Prozesses gelingender Integration entsteht etwas Neues, die Einstellungen aller werden beeinflusst und zum großen Teil auch verändert, weil es um mehr geht als die bloß duldende Koexistenz der Ver-

---

[123] Fennema/Tillie 2001

schiedenen in ihrer ursprünglichen Verfassung. Auch die Mehrheitsgesellschaft verändert sich in einem Prozess, der den Namen Integration verdient. Das betrifft, wie sich in allen kulturell vielgestaltigen Gesellschaften beobachten lässt, sowohl die Lebenskultur der meisten, wie das Verständnis von Bürgerschaft, denn es schließt allmählich einen weiteren und bunteren Kreis von Gleichgestellten in das politische Selbstverständnis ein.

Überlappung und Anerkennung

Auch in dieser Hinsicht sind es nicht homogene Identitätsfiktionen, sondern das Konzept der Transkulturalität, das am ehesten in der Lage ist, die komplexen Wechselbeziehungen im Prozess der Integration zu beschreiben. Zu unterscheiden sind unterschiedliche Einflusebenen und zwei Einflussrichtungen. Auf der Ebene der politischen Kultur verlangt Integration ein bestimmtes Maß an Assimilation – und zwar in beiden Richtungen: die erste Richtung weist auf die ursprüngliche Mehrheitskultur hin, weil alle Migranten die Übernahme der Grundnormen und der rechtsstaatlichen Demokratie mitsamt den zugehörigen Handlungsorientierungen zugemutet wird; in der zweiten Richtung mutet der durch die politische Integration entstehende kulturelle Pluralismus nunmehr dem ursprünglichen Kollektiv der Aufnahmegesellschaft zu, fortan die gemeinsame politische Identität der Staatsnation unter gleichberechtigter Teilhabe der zu Staatsbürgern gewordenen Migranten zu bestimmen. Das führt – in den Grenzen der Normen der rechtsstaatlichen Demokratie – vermutlich immer zu einer neuen kollektiven Identität, in der sich alle Staatsbürger wieder finden können.

Die bahnbrechenden Untersuchungen des indischen Sozialwissenschaftlers *Ashutosh Varshney* haben gezeigt, worauf es dabei am meisten ankommt[124]. Sie können als das empirische Gegenstück zur These von *John Rawls* gelesen werden, dass der säkulare Rechtsstaat in kulturell pluralistischen Gesellschaften eine inhaltliche Überlappung aller beteiligten Kulturen im Hinblick auf die grundlegenden moralischen und politischen Normen voraussetzt[125]. Gleichzeitig demonstrieren sie, dass unter

---

[124] Varshney 2002
[125] Rawls 1992

geeigneten Bedingungen alle großen religiös kulturellen Traditionen die normativen Bedingungen für einen solchen Brückenschlag in sich bergen. Varshneys Vergleiche indischer Städtepaare jeweils ähnlicher Größenordnung und ethnisch-religiöser Zusammensetzung, bei denen die eine Gruppe im Gegensatz zur anderen von häufiger, interkultureller Gewalt gekennzeichnet war, belegen eindrucksvoll, dass die alles entscheidende interkulturelle Kooperation in den Initiativen und Organisationen der Zivilgesellschaft stattfinden muss. Wenn dort die Zusammenarbeit von Menschen unterschiedlicher ethnisch-kultureller und religiös-kultureller Orientierung für gemeinsame soziale, gesellschaftliche oder auch wirtschaftliche Interessen an der Tagesordnung ist, etwa in Sportvereinen, Stadtteilinitiativen, Elternvereinen oder Berufsverbänden, gelingen fast immer Verständigung und Integration auch dann, wenn die engeren Wohnwelten weitgehend getrennt bleiben und fundamentalistische Provokateure den sozialen Frieden stören wollen. Sie stellen die entscheidenden Brücken dar, die verhindern, dass aus unterschiedlichen Glaubens- und Lebensformen die getrennten Welten geschlossener Parallelgesellschaften werden können und in ihnen das bloß nach innen gerichtete bindende Sozialkapital (*bonding social capital*) entsteht, das der Integration entgegenwirkt. Stattdessen erweisen sie sich als Entstehungsorte für jenes überbrückende Sozialkapital (*bridging social capital*), das allein geeignet ist, eine kulturell vielfältige Gesellschaft zusammenzuhalten. Diese Studie hat auch gezeigt, dass Versuche von außen, solche Brückenschläge in kulturell gemischte Lebenswelten hineinzutragen, wo sie sich nicht spontan ergeben, durchaus erfolgreich sein können[126]. Sie stellen eine wirksame Blockade gegen fundamentalistische Identitätspolitik dar, die stets am besten gedeiht, wo Verständigungsversuche ausbleiben.

Der Irrweg der Leitkultur

Politische Kultur als Klammer

Ohne eine gemeinsame politische Kultur sind kulturell pluralistische Gesellschaften weder politisch funktionsfähig noch stabil. Separate Teilge-

---

[126] Putnam 2000

sellschaften, die diese Gemeinsamkeit verweigern, bergen ein desintegratives Potential für die Gesamtgesellschaft. Der Fundamentalismus ist von Hause aus auf ihre Sprengung angelegt. Die Institutionen der säkularen rechtsstaatlichen Demokratie sind notwendige Voraussetzungen für eine faire Organisation des kulturellen Pluralismus, entscheidend aber für die politische Integration ist letzten Endes die real gelebte politische Kultur der sozialen Kollektive, aus denen die Gesellschaft besteht. Aus ihr speisen sich die tatsächlichen Motive des Handelns der Bürger, für oder gegen die rechtsstaatlichen Institutionen, im Geist dieser Institutionen oder für deren Gebrauch in subversiver Absicht. Die real eingelebte politische Kultur entscheidet in der politischen Alltagspraxis darüber, welcher Gebrauch von den Institutionen gemacht wird und welche Sicht die kulturell verschiedenen Bürger von ihrem Gemeinwesen und voneinander haben, ob sie seine wichtigen Einrichtungen und Ziele kennen und diese emotional und in ihren Wertungen unterstützen, ob sie sich in einem ausreichenden Maße mit ihnen identifizieren und daher auch im Konflikt- und Krisenfalle zu ihnen stehen.

Wenn in größeren oder in besonders mobilisierten Gruppen die Unterstützung der Institutionen, Grundwerte und Ziele des Gemeinwesens schwindet oder in Ablehnung umschlägt, sind, wie die politische Kulturforschung vielfach belegt hat, Apathie, Entfremdung oder auch Aggression die wahrscheinliche Folge. Prozesse der gesellschaftlichen und politischen Desintegration kommen in Gang. Oft erweist sich im Falle eines Widerspruchs zwischen beiden die politische Kultur als stärker denn die Institutionen des Gemeinwesens. Die politische Kultur als real handlungswirksames Orientierungsmuster sozialer Kollektive spielt für den Zusammenhalt oder Zerfall politischer Gemeinwesen, für Kontinuität oder Bruch ihrer Institutionen, stets eine Schlüsselrolle[127].

Für das politisch kulturelle Selbstverständnis der Staatsbürgerrolle ist daher nicht nur die Erlangung der Staatsangehörigkeit als ein rein institutioneller Akt von Bedeutung, sondern auch die spezifische kulturelle Begründung, die der Staat für sie gibt[128]. Es ist die kulturelle Sinngebung der Staatsbürgerrolle, die den Ausschlag dafür gibt, ob sich die hinzukommenden Migranten künftig als Bürger mit einer eigenen kulturellen

---

[127] Lockwood 1964
[128] Koopmans/Statham 2001

Identität angenommen und anerkannt oder bloß geduldet, womöglich sogar abgewertet fühlen. Die bis vor kurzem in Deutschland übliche und der Rechtspraxis auch tatsächlich zugrunde gelegte Begründung aus dem *ius sanguinis* und die darin enthaltenen Unterstellung einer ethnisch homogenen Gesellschaft drängte die Migrantenkollektive regelrecht dazu, sich in erster Linie in nationalstaatlichen Begriffen als Ausländer zu definieren, deren Bezugsidentitätsquelle das Herkunftsland bleibt. Dieses Dilemma ist durch das neue Staatsbürgerecht aus dem Jahr 2000 im Ansatz korrigiert. In der rechtlichen und in der kulturellen Dimension ist damit ein Haupthindernis für die Entwicklung eines angemessenen Staatsbürgerverständnisses beseitigt.

Kulturelle Grundrechte und Leitkultur

Falls nun aber die von Parteivertretern erhobene Forderung, alle Migranten müssten sich künftig an einer *deutschen* Leitkultur orientieren, um Staatsbürger zu werden, offizialisiert würde, wäre der unausweichliche Effekt ein ähnlich kontraproduktiver wie bei der „ethnischen" Begründung des Staatsbürgerschaft. Jedenfalls dann, wenn dieser ungeklärte Begriff die Zumutung enthält, es ginge dabei um die Übernahme einer Art deutscher Lebenskultur, die zudem als solche ja, angesichts der großen Vielfalt einander widerstreitender, milieuspezifischer Lebenskulturen im Land, nichts anderes wäre als eine Fiktion zur nahezu beliebigen Verwendung in der politischen Auseinandersetzung.

Eine solche Zumutung wäre vor allem aber eine Verletzung von Grundrechten. Die Legitimation der rechtsstaatlichen Demokratie besteht ja gerade darin, rechtliche Einschränkungen der Handlungsfreiheit nur in dem Maße und zu dem Zwecke vorzunehmen, dass der Spielraum für die individuelle Selbstbestimmung, ganz besonders in Fragen des Glaubens und der Alltagsorientierung, so groß wie möglich bleibt. Über die Normen und Regeln einer der rechtsstaatlichen Demokratie entsprechenden politischen Kultur können die Erwartungen an die „Neubürger" daher legitimerweise kaum hinaus gehen. Die rechtsstaatliche Demokratie verliert ihre Glaubwürdigkeit, wenn sie sich zu dem Versuch verleiten lässt, kulturelle Normierungen in den Bereichen des Glaubens- und Alltagslebens vornehmen zu wollen. Eine Leitkultur, die mehr verlangt als die

Treue zu den politischen Grundwerten der säkularen rechtsstaatlichen Demokratie und eine Sprachfähigkeit, die zur eigenen politischen Urteilsbildung im Aufnahmeland befähigt, wäre ihrerseits der entscheidende Schritt zu einer Art leitkulturellem Fundamentalismus.

Gegenüber fundamentalistischen Varianten kultureller Identität sind Grenzen, die durch die Institution des Rechtstaats und der Demokratie sowie die Minima einer alle verbindenden politischen Kultur gezogen sind, gleichwohl eindeutig. Wer gegen die Grundwerte der Menschenrechte, der staatlichen Säkularität und der Demokratie selbst kämpft, hat in der Demokratie keinen legitimen Platz, wie immer seine religiösen und kulturellen Rechtfertigungsversuche dafür auch lauten mögen. Darum kann weder das Zusammenleben noch der Dialog der Religionen und Kulturen bodenlos sein. Die Orientierung auf eine gemeinsame politische Kultur der Demokratie gibt ihm Sinn und Richtung. Allerdings muss auch die Grenze nach der anderen Seite klar gezogen werden. Wer eine der kulturellen Lebensformen in der Demokratie zur Leitkultur für alle machen will, verletzt selber die Grundnormen der rechtsstaatlichen Demokratie. Eines der Hauptergebnisse der politischen Kulturforschung besteht auch darin: politische Kultur lernt man weniger im Unterricht, in Seminaren oder beim Hören großer Reden, sondern in der Alltagspraxis konkreter Lebenserfahrungen. Wenn die Praxis der Demokratie im Alltag einem Teil ihrer Glieder die Chance zur gleichberechtigten Teilhabe, zum toleranten Zusammenleben und zur ungeschmälerten Anerkennung ihrer kulturellen Identität nicht bietet, dann schafft sie auch nicht die Kultur, die sie verlangt und zum eigenen Überleben braucht, sie dementiert sie vielmehr wider Willen.

Eine bleibende Versuchung

Das Bedürfnis der Identität

Die moderne Kultur bleibt mit ihren Unsicherheiten und prinzipiellen Zweifeln für die fundamentalistische Herausforderung immer offen. Massenhafte politische Mobilisierung gelingt den Aktivisten des Fundamentalismus aber erst in Situationen, in denen sich Krisen gerade in jenen sozialen und persönlichen Lebensdimensionen ballen, aus denen Menschen Sicherheiten, Hoffnungen und Anerkennung gewinnen. Beispielhaft dafür war die vorrevolutionäre Zeit im Iran. Dort entstand die zentrale Dynamik des schiitischen Fundamentalismus aus den Folgen einer forcierten Modernisierungspolitik von oben in Verbindung mit der gleichzeitigen Entwertung der eingelebten kulturellen Identität der traditionalistischen Mittelschichten. Sie stellte deren soziale Position infrage, verwehrte ihnen aber eine politische Repräsentation, aus der sie Hoffnung auf Besserung gewinnen konnte. Dies galt in ähnlicher Weise auch für die große Zahl der Benachteiligten, Unzufriedenen und Zurückgelassenen auf dem Lande und in den Slums, die sich um die Früchte der Modernisierungspolitik betrogen sahen, aber deren Opfer auf sich nehmen mussten[129]. In den USA gewinnt der protestantische Fundamentalismus einen großen Teil seiner Energien aus den Verunsicherungen des modernen kulturellen Wandels, der die Ordnung und die Einheit der traditionalistischen Familien in den konservativen Milieus bedroht, aber auch aus der sozialen Unsicherheit dieser auf den individuellen Leistungserfolg allein gegründeten Gesellschaft, die dauernd in Bewegung bleibt und einer ungewöhnlich großen Zahl ihrer Glieder immer wieder die Unsicherheiten des sozialen und wirtschaftlichen Neubeginns in neuen Wohn- und Lebenswelten zumutet[130]. Ein enger Zusammenhang zwischen sozialer Unsicherheit und forcierter Religiosität ist weltweit zu beobachten[131]. Wenn die sozialen, wirtschaftlichen und politischen Stützen fallen, die die mit der kulturellen Modernisierung ohnehin einhergehenden Verunsicherungen von persönlicher Orientierung und Identität abfedern, dann wächst die Gefahr eines Erstarkens des „fundamentalistischen Moments" in den unterschiedlichsten Kontexten der modernen Welt. Das gilt besonders dann, wenn sich für große Teile der Gesellschaft die Verunsicherung verschärft und gleichzeitig der bleibende Grund zu ihrer Bewältigung brüchig wird.

Damit in solchen „fundamentalistischen Momenten" politische Massenbewegungen entstehen, muss zu den beschriebenen Gelegenheitsstrukturen in der Gesellschaft und der Wirksamkeit überzeugender fundamentalistischer Aktivisten immer auch die subjektive Disposition vieler Men-

---

[129] Riesebrodt 1990, 2001, Keddie/Richard 2006
[130] Lehmann 2006
[131] Norris/Inglehart 2004

schen zur Wahrnehmung dieses Angebots treten, also die Bereitschaft zur Übernahme einer auf absoluten Gewissheiten basierenden kulturellen Identität als Bestätigung des persönlichen Wertes in einem geschlossenen Kollektiv. Um überhaupt als zurechnungsfähiger Teilnehmer sozialer Interaktionen handeln und von den Anderen als solcher anerkannt werden zu können, muss jeder Mensch in der Kontinuität seiner Biographie und im Zusammenhang seines Redens und Handelns von sich selbst und von den anderen in wechselnden Situationen über alle Unterschiede hinweg als derselbe wahrgenommen und verstanden werden können. In diesem minimalen und allgemeinen Sinne bedarf er als soziales Wesen einer „Identität". Er muss für sich selbst wissen können, was auch die Anderen in ihm suchen: „wer er ist", wenn er in allem Wandel der Situationen, Rollen, Lebensabschnitte und Bezugsgruppen als dieselbe Person erkannt und anerkannt werden möchte. Sobald die soziale Umwelt des Einzelnen ein Mindestmaß an „miteinander konkurrierenden Normen, Erwartungen, und Interpretationen für Personen und Situationen" bereithält, ist personale und soziale Identität kein fester und unverlierbarer Besitz mehr, der, einmal erworben, immerfort wirkt, sondern nur noch eine individuelle Orientierungsleistung, die in vielfältigen sozialen Situationen immer neu erbracht und stabilisiert werden muss[132]. Identität kann ihre soziale Funktion ja nicht dadurch erfüllen, dass der Einzelne sich ein Bild von sich selbst zurechtlegt und es seinen sozialen Partnern aufdrängt. Sie wird erst wirksam, wenn die Partner ein Bild von diesem Einzelnen gewinnen, in dem er sich auch selber wiedererkennt. In diesem Sinne ist Identität ein offener Prozess des Aushandelns zwischen dem Selbstbild, das der Einzelne von sich entwirft, und dem Bild, das sich seine sozialen Handlungspartner in wechselnden Zusammenhängen von ihm machen. Die Übereinstimmung zwischen beiden ist niemals von vornherein garantiert, sie kann immer misslingen. Der Einzelne kann sich den Zumutungen und Anstrengungen dieses riskanten Prozesses jedoch nicht entziehen, solange er überhaupt als der bestimmte Mensch, der er ist, von seiner Umwelt anerkannt werden will. Vom Gelingen dieses schwierigen Prozesses hängt gleichwohl die Ausbildung einer stabilen Persönlichkeit ab.

---

[132] Krappmann 1988

Kulturelle Identität und Offenheit

Identität ist darum kein individueller Besitz, sondern der soziale Prozess einer „Balance zwischen widersprüchlichen Erwartungen". Das Individuum kann und darf die ihm von den Anderen angesonnene soziale Identität niemals ganz annehmen, solange es Individuum bleiben möchte, und es kann einen gewissen Widerstand zwischen den diversen sozialen Ansinnen und seinem eigenen Selbstverständnis auch schon deswegen nicht aufgeben, weil die Bezugsgruppen und Situationen, von denen sie ausgehen, rasch wechseln. Der fortwährende soziale Balanceakt der Selbstbehauptung individueller und sozialer Identität verlangt darum vom Einzelnen ein Mindestmaß an Fähigkeit zum Aushalten von Widersprüchen, zum Widerstand gegen soziale Zumutungen und zur kreativen Fortsetzung bislang entfalteter eigener Identitätsbildung. Uneindeutigkeiten und Ambivalenz sind auszuhalten und für den Entwurf seiner selbst, den der Einzelne in immer neuen Anläufen fortführen muss, in Rechnung zu stellen. Dazu bedarf es dessen, was der amerikanische Sozialpsychologe *Milton Rokeach* einen „offenen Charakter im Gegensatz zum geschlossenen" genannt hat[133]. Ein solcher Charakter bildet eine soziale und persönliche Identität aus, die Spannungen aushält, für wechselnde Situationen offen bleibt und darum Verschiedenartigkeit in der sozialen Umwelt nicht als Bedrohung und Quelle lähmender Angst, sondern als Gelegenheit zur Selbstbewährung empfindet.

Solche Identität enthält Brüche und Unterschiede in sich selbst. Ohnehin bildet der Einzelne in offenen oder sich öffnenden Gesellschaften in seiner Arbeits- und Lebenswelt zumeist zahlreiche Selbstbilder aus, als Mutter oder Vater, Gläubiger, Gleichgültiger oder Agnostiker, Lehrer oder Handwerker, Wähler der liberalen Partei oder der konservativen, Hausbesitzer oder Mieter, Bewohner der Süd- oder der Nordregion, Fußballfan oder -verächter, Gewerkschafter oder Arbeitgeber, und was sonst noch auf ihn zutreffen mag. Es mag in mehr als einer Hinsicht dann eine offene Frage bleiben, ob die Fülle dieser Mosaiksteine vom Einzelnen selbst oder von Anderen noch zu einem großen und einheitlichen Bild zusammengefügt wird und ob sie dies überhaupt zulässt. Solche „Patchwork-Identität" ist lebbar, sie lebt von ihren Brüchen und Nähten nicht

---

[133] Rokeach 1960

weniger als von den einzelnen Flecken sozialer Zugehörigkeit, die sie ausmachen. Sie schafft Freiheit, enthält aber auch die Risiken des Zweifels, der schmerzhaften Selbstprüfung und schlimmstenfalls des Scheiterns. Unter den Bedingungen einer offenen Gesellschaft und damit immer auch widerspruchsvoller sozialer Erwartungen ist für eine stabile Identität nicht der Akt der Identifikation das Entscheidende, sondern bei niemals restloser Übernahme sozialer Erwartungen die Fähigkeit zu Empathie mit anderen Identitäten, Distanz zu den eigenen Rollen, die jeweils übernommen werden, und Toleranz gegenüber den Uneindeutigkeiten, die stets bleiben. Diese Fähigkeiten müssen durch die gesellschaftlichen Verhältnisse ermöglicht sowie vom Einzelnen ausgehalten werden können. Beide Seiten dieses Verhältnisses bedingen und erhalten sich im Falle des Gelingens wechselseitig. Identitätssuche wird zu einem patogenen Identitäts-Wahn erst dort, wo sie ohne Distanz zu den eigenen Rollen, ohne Empathie für die verschiedenartigen Rollen und Identitäten der Anderen, ohne den Willen und die Fähigkeit, Ambivalenzen zu ertragen, in jedem Handlungsfeld nur ganz als dieselbe aufzutreten vermag, in allen Lebensbezügen ihr Selbstverständnis aus einer unwandelbaren Quelle speist. Dann verliert sie die Fähigkeit, in ihrer sozialen Umwelt Andersartiges, Fremdes, Uneindeutiges, Widerständiges zu akzeptieren. Es erscheint ihr stattdessen als Bedrohung.

Schutz und Verführung

In den daraus entstehenden persönlichen Identitätskrisen bietet sich der Fundamentalismus als eine schützende Zuflucht der Sicherheit und Bestätigung für diejenigen an, die in unerträglichen Lebenskrisen oder aus dem Verlangen nach unbedingter Orientierung den Weg zu ihm finden. Wie das Beispiel von Scientology eindeutig zeigt, kann solches Verlangen nach Zuflucht im Augenblick des Beitritts ganz frei sein von politischen Interessen. Es kann aber auch, wie im Falle des Hindu-Fundamentalismus in Indien, gerade durch das jahrzehntelang kultivierte politische Motiv genährt sein, im eigenen Staat zum „Fremden" gemacht worden zu sein und damit das Empfinden eigener Benachteiligungen und Niederlagen zu rationalisieren. Dazwischen sind bei den „Suchenden" alle Übergänge von bloß psycho-sozialen Motiven zum dezidiert politischen Interesse zu finden. Auch dort, wo wie in Algerien, Indien oder Israel die Anhängerschaft fundamentalistischer Bewegungen hoch politisiert ist, geben sich die sozio-kulturellen Motive einer gesicherten Identität und die sozio-ökonomischen Motive eines anerkannten und sicheren sozialen Status als die eigentlichen Gründe für die Aufnahmebereitschaft fundamentalistischer Orientierungen zu erkennen. Eine staatspolitische Ausrichtung bekommt die Bewegung erst durch die Steuerung der jeweiligen Führung.

Fundamentalistische Führung erweist sich als Verführung spätestens in dem Augenblick, wo es an die Einlösung der gemachten Heilsversprechen geht. Keiner der bekannten Fundamentalismen dieser Welt verfügt nämlich über ein schlüssiges und umsetzungsfähiges sozio-ökonomisches und politisches Programm, das auch nur die Überwindung jener Krisen wahrscheinlich machen würde, durch deren gnadenlose Geißelung er groß geworden ist, geschweige denn die darüber hinausreichenden Heilsversprechen, die ihm erst seinen metaphysischen Charme verleihen. Fundamentalismus kann angesichts von Krise, Demütigung und Korruption zur unüberwindlichen Energiequelle im Protest werden, aber nirgends zum verlässlichen Wegweiser für nachhaltige Gesellschaftsreformen, weil ihm das Konzept einer komplexen, wandlungsfähigen Gesellschaft von Hause aus fehlt und damit die Voraussetzung der erfolgversprechenden Lösung ihrer Probleme. Insofern ist der Fundamentalismus als politisches Handlungsprogramm objektiv immer eine Verführung, auch wenn viele seiner Gefolgsleute im Kampf selbst und im symbolisch-rituellen Teil seiner Politik die Erfüllung ihres unbedingten Identitätsbedürfnisses erfahren, wenigstens eine Zeitlang.

Nicht selten ist fundamentalistische Führung aber auch in dem strikten Sinne Verführung, dass die Interessen und Motive von Führern und Gefolgschaft sich äußerlich decken, aber keine innere Übereinstimmung zeigen. Manche der fundamentalistischen Führer in Algerien gehörten bereits zur Führung der Oppositionsbewegung, als diese noch marxistisch inspiriert war. Und die Äußerungen einiger Führer des politischen Hindu-Fundamentalismus lassen kaum einen anderen Schluss zu als den, dass sie die machtpolitischen Ressourcen schätzen, die aus der fundamentalistischen Mobilisierung erwachsen, aber selber nicht an den Wahrheitsgehalt der Parolen glauben, die sie zu diesem Zwecke verbreiten. Ob Milosević sich verstellte, als er ein kommunistischer Führer war, der sich im Zweifelsfalle mit internationalistischer und gesamtjugoslawischer Rhetorik legitimierte, oder als er nichts anderes mehr sein wollte als ein serbischer Nationalist ethno-fundamentalistischer Stoßrichtung, bleibt dahingestellt.

Eine politische Instrumentalisierung kultureller Unterschiede ist der Fundamentalismus auf beiden Seiten, wenn auch oftmals in verschiedener Absicht und mit verschiedener Akzentsetzung. Auf Seiten der Anhänger, denn sie gewinnen ihre Identität im Vormachtsanspruch gegen Andere, der so gut wie immer auch gegen Widerstand durchgesetzt wird, wenn es nötig erscheint. Die protestantischen Fundamentalisten in den USA leben zwar in „normalen" Zeiten in ihrer eigenen Parallelgesellschaft, intervenieren aber nachdrücklich in die öffentliche Sphäre, wann immer ihre Interessen berührt sind. Fundamentalistische Führung ist fast ausnahmslos von dem Willen beseelt, die Energien der mobilisierten Gläubigen zum Zwecke der Gewinnung oder Sicherung politischer Macht zu nutzen, ob sie nun selber die Ideologien teilen, die sie in ihren Dienst nehmen, oder nicht. Beides, die Suche unbedingter Identität und das auf sie gestützte Streben nach Macht, leben von der Umwandlung des kulturellen Unterschieds in Feindschaft.

Risiko Parallelgesellschaft

Klärung der Begriffe

Der Begriff der Parallelgesellschaft hat vielfältige Verwendungen gefunden. Sie reichen von den Ansätzen einer liberalen Gegenöffentlichkeit in den ehemaligen kommunistischen Diktaturen Osteuropas bis hin zu den ethnisch-kulturell verdichteten oder gar geschlossenen Siedlungsräumen in den multikulturellen Gegenwartsgesellschaften. Idealtypische Trennlinien können zunächst in fünf grundlegenden Dimensionen gezogen werden. Handelt es sich bei den Kollektiven, die gemeinsame „parallelgesellschaftliche" Strukturen teilen 1. um sozial homogene oder heterogene Gruppen, 2. um ethno-kulturell bzw. kulturell-religiös homogene oder heterogene Gruppen, 3. geht es bei den „parallelgesellschaftlichen" Strukturen um lediglich zivilgesellschaftliche oder darüber hinaus auch um lebensweltlichen und ökonomische Strukturen, 4. verdoppeln diese Strukturen diejenigen der Mehrheitsgesellschaft komplett oder nur zu einem begrenzten Teil, 5. ist die parallelgesellschaftliche Segregation erzwungen oder freiwillig gesucht, und 6. handelt es sich um eine siedlungsräumliche Segregation oder erfolgt diese überwiegend auf der Ebene von sozialen Interaktionen und Mediennutzung ohne räumliche Segregation.

Offensichtlich macht es zunächst einen wesentlichen Unterschied, ob die Segregation formal, sei es rechtlich, sei es politisch-sozial erzwungen ist oder freiwillig erfolgt. Für den zuerst genannten Fall hat sich auch im wissenschaftlichen Sprachgebrauch der Begriff des "Ghettos" eingebürgert. Für den Fall der freiwilligen siedlungsräumlichen Segregation ethno-kultureller Minderheiten ist der Begriff der „ethnischen Kolonie" gebräuchlich. Sowohl die teilweise wie auch die weitgehende soziokulturelle Segregation ethno-kulturell oder religiös-kulturell homogener Gruppen, sei sie nun siedlungsräumlich oder lediglich auf der Ebene der sozialen Interaktion vollzogen, ist soziologisch mit dem Begriff der „Subkultur" verbunden. Wenn diese eine bestimmte Verknüpfung soziokultureller Orientierungen mit segregierten ökonomischen Strukturen verbindet, sprechen wir von „Alternativökonomie".

Um auszuschließen, dass der Begriff Parallelgesellschaft beliebig wird, scheint es ratsam, ihn im Hinblick auf die Probleme kulturell pluralistischer Gesellschaften nur für soziale Kollektive zu verwenden, auf die die folgenden Merkmale zutreffen. Sie
1. sind sozial homogen oder heterogen;
2. ethno-kulturell bzw. kulturell-religiös homogen;
3. verfügen über annähernd vollständige lebensweltliche und zivilgesellschaftliche sowie weitgehende ökonomische Möglichkeiten der Segregation;
4. praktizieren eine annähernd komplette Verdoppelung der mehrheitsgesellschaftlichen Institutionen;
5. beruhen auf formal freiwilliger Mitgliedschaft;
6. können als siedlungsräumliche oder sozial-interaktive Netzwerke organisiert sein.

Die wichtigste Streitfrage im Zusammenhang mit dem Begriff der Parallelgesellschaft verbirgt sich erwartungsgemäß in dem Kriterium „komplette" Segregation. Es wird im strengen Sinne erst erfüllt, wenn auch ein „segregierter" *Rechtskreis* ausgebildet ist[134]. Er muss nicht formal-rechtlich institutionalisiert sein, sondern kann schon dann wirksam werden, wenn ein starker sozialer Druck innerhalb der betreffenden Gemeinschaft besteht, die ordentlichen Gerichte zur Wahrung der eigenen Rechts nicht zu bemühen, sondern „eigen-ethnische" bzw. „kulturell-religiöse" Schiedsstellen anzurufen und sich deren Urteil zu unterwerfen. Der Druck, sich hergebrachten Normen der eigenen Gruppe unter Verzicht auf wesentliche verbriefte Rechte der Aufnahmegesellschaft zu unterwerfen, um den sozialen Sanktionen der Parallelgesellschaft zu entgehen, kann in der Praxis ja durchaus überwältigend sein.

Hilfe und Hindernis

In der Bundesrepublik Deutschland haben sich seit längerem ethnisch verdichtete Siedlungsgebiete – wie Köln-Eigelstein, Duisburg-Marxloh, Hamburg-Wilhelmsburg oder Berlin-Kreuzberg – und darüber hinaus auch intra-ethnische Kommunikationsnetze bei großen Teilen der türkischstämmigen Migranten ausgebildet, die die Frage aufgeworfen haben, ob es sich dabei um Parallelgesellschaften handelt. In den Niederlanden wurde die Entwicklung eigenethnischer Teilgesellschaften durch die staatliche Politik sogar lange Zeit aktiv gefördert. In einschlägigen Studien bleibt umstritten, ob und in welchem Maße es sich bei den betreffenden „ethnischen Kolonien" bzw. „ethnisch verdichteten Siedlungsgebieten" tatsächlich um Parallelgesellschaften handelt. Festgestellt wird jedenfalls, dass das Leben in „ethnischen Kolonien" im Urteil ihrer Angehörigen viele Vorteile hat. Dazu gehören die Selbststabilisierung der in der Fremde infrage gestellten Persönlichkeit durch das homogene soziale Umfeld sowie die Hilfs- und Orientierungsfunktionen, die es für neu Ankommende oder von der Mehrheitsgesellschaft isoliert Gebliebene leistet. Die hilfreiche Schleusenfunktion, die Parallelgesellschaften für die neu ankommenden Angehörigen der entsprechenden Minderheiten ausüben, wird aber oft zur Integrations-Falle, weil die kulturelle Absonderung den

---

[134] Heitmeyer 2001

Erwerb der Sprache des Aufnahmelandes und viele seiner für die berufliche und gesellschaftliche Integration nötigen Kulturtechniken behindert. Für die Gesellschaft als Ganze erweisen sie sich damit als Integrationshemmnis. Parallelgesellschaften tragen daher dazu bei, dass aus der kulturellen Differenz eine dauerhafte ethno-kulturelle soziale Schichtung zu Lasten der Minderheit wird, ein Sachverhalt, der wiederum die sozialen Voraussetzungen der politischen Integration nachhaltig beeinträchtigt[135]. Sie fördern die für die demokratische Integration problematische ausschließende Gruppensolidarität, das *bonding* anstelle des *bridging social capital*.

Eindeutige Erfahrungen

Ein besonders Problem für die gesellschaftliche Integration erzeugt die Schlüsselstellung, in die in den abgesonderten Lebenswelten die eigenen Eliten geraten. Sie begünstigt die Einwirkung zentralisierter kultureller, religiöser und politischer Vereine und Eliten von außen, die in die Parallelgesellschaften hineinwirken und sie zu kontrollieren beginnen. Organisierte Eliten, die die Probleme und Themen definieren, Sprachregelungen und Lösungsansätze einbringen, aber vor allem die Orientierungsmarken der ethnisch-kulturellen Identität mit kollektiver Verbindlichkeit zu definieren versuchen, gewinnen Auftrieb und Einfluss. Ihre Hauptressource ist nicht der kulturelle und politische Brückenschlag zur Mehrheitsgesellschaft mit der Zielsetzung zunehmender Integration, sondern die Verwaltung, wo nicht gar Mehrung des sozialen und politischen Kapitals der abgesonderten ethnisch-kulturellen Identität. Ihr Vermittlungs- und Interpretationsmonopol basiert auf dem trennenden Sozialkapital. Das stützt den kulturellen Traditionalismus und kann die Bedingungen für die Werbung der Fundamentalisten verbessern. Der Integration jedenfalls dienen sie nicht. Der *Wissenschaftliche Rat für die Regierungspolitik* der Niederlande hat die Gefahr der zunehmenden sozialen und ökonomischen Marginalisierung als ein Ergebnis der dort Jahrzehnte lang praktizierten „Versäulungspolitik" der staatlichen Förderung von kulturellen Parallelgesellschaften erkannt und ihre Revision veranlasst.

---

[135] Esser 2001:89.

Die Untersuchungen von *Ashutosh Varshney* zeigen, dass die alles entscheidende Kooperation in den Initiativen und Organisation der Zivilgesellschaft erfolgt[136]. Wenn in ihnen interkulturelle Zusammenarbeit für gemeinsame Interessen an der Tagesordnung ist, stellen sie die entscheidenden Brücken dar, die verhindern, dass aus unterschiedlichen Glaubens- und Lebensformen die getrennte Welt geschlossener Parallelgesellschaften werden können. Versuche von außen, solche Brückenschläge in kulturell gemischte Lebenswelten hineinzutragen, können durchaus erfolgreich sein. Sie stellen eine wirksame Blockade für die fundamentalistische Identitätspolitik dar.

Populismus und Fundamentalismus

Eine populistische Welle

Der Ethno-Fundamentalismus als Reaktion auf vermeintliche „kulturelle Überfremdung" oder „Integrationsverweigerung" kultureller Minderheiten äußert sich seit den 1990er Jahren in fast allen europäischen Gesellschaften im Form populistischer Strömungen und Parteien. Sie erzielen in Ländern wie Österreich, den Niederlanden und Ungarn Wahlergebnisse von über einem Viertel, im europäischen Durchschnitt von fast 10% der Stimmen. Historisch bekannt sind aber auch vielfältige Formen des *linken* Populismus. Er kämpft gegen „Kapitalherrschaft", das „große Eigentum" und den beide begünstigenden „gekauften Staat", beispielhaft etwa im Russland des 19. Jahrhunderts und in den USA zu Beginn des 20. Jahrhunderts. Der Begriff des Populismus ist unscharf und wandlungsfähig, denn er kann eine *Herrschaftstechnik* oder eine soziale *Protestbewegung* gegen entfremdete Herrschaft bezeichnen. Er kann eine *Form* der Politik benennen oder ihren *Inhalt* und er kann beides verbinden. Die Erfahrung der letzten drei Jahrzehnte lässt erwarten, dass vor allem Protestparteien des rechten, fremdenfeindlichen Populismus in Europa zu Dauererscheinungen werden könnten. Umstritten ist die Frage, ob die Erstarkung populistischer Parteien als ein frühzeitig erteilter „Denkzettel" gegen Fehlentwicklungen in der Demokratie letztlich produktive Folgen hat oder

---

[136] Varshney 2002

wegen seines Einflusses auf die politische Kultur die Demokratie untergräbt[137]. Es spricht viel dafür, dass die Gewöhnung der Öffentlichkeit an ausländerfeindliche Ressentiments zum Problem für die Demokratie wird und auch die übrigen Parteien in ihren Bann zieht. Jedenfalls sind die Hemmschwellen bei der Diskussion von Problemen der Ausländerintegration überall eindeutig abgesenkt wurden[138].

Von Populismus kann man sprechen, wenn die folgenden Merkmale vorliegen[139]:

1. Eine politische Orientierung bzw. Bewegung der *Unter- bzw. Mittelschichten gegen „oben"*, die etablierten Institutionen, ihre Repräsentanten oder die „politische Klasse" als Ganze, insbesondere aber gegen die „Ausländer" die „Fremden", „Nicht-Zugehörigen", Anderen im Lande.
2. Im Mittelpunkt stehen fast immer *Angst und Misstrauen,* sei es gegen die „Anderen" oder „die da oben" und ihre Politik, häufig in der Verbindung, dass die etablierte Politik das „Volk" gegen die Bedrohung durch die Anderen nicht schützt. Es handelt sich in erster Linie um diffuse Proteste „gegen", des Widerstands gegen herrschende Verhältnisse, zumeist ohne ein ernst zu nehmendes politisches Handlungsprogramm.
3. Gearbeitet wird mit Einfachschablonen und Schwarz-Weiß-Bildern des Politischen und groben Schemata der emotionalen Entdifferenzierung, zumeist zugespitzt zu einer Form des *Freund-Feind-Denkens,* bei der dem Volk („ wir hier unten ") die „Oberen", die Eigengruppe und die Fremd-Gruppe, „Wir" und „Sie" als Gegensatz unversöhnlich kontrastiert werden.
4. In Europa richtet sich der Populismus gegenwärtig zentral gegen das transnationale Projekt der Europäischen Union und gegen die ethnisch-kulturellen Migranten in den einzelnen Ländern, in Ungarn auch wieder verstärkt gegen jüdisches Leben sowie Sinti und Roma.
5. Feindschaft und Misstrauen führen zum Abbruch verständigungsorientierter Kommunikation. An ihre Stelle treten Anklage, Anprangern und verschiedene Formen der Verdächtigung. Im Hinblick auf den

---

[137] Decker 2006
[138] Heitmeyer 2010, Decker 2010
[139] v.Thadden/Hofmann 2005, Decker 2006

Populismus als Methode werden übereinstimmend zwei Kennzeichen in den Mittelpunkt gerückt: Es geht immer um die Verschärfung vorhandener populärer Vorurteile und ihre Instrumentalisierung. Populäre Meinungen werden aufgegriffen, umschmeichelt und verschärft. Insofern ist Populismus von einem anti-aufklärerischen Zug gekennzeichnet.

Das Sarrazin-Phänomen als Symptom

Das Sarrazin-Phänomen, das 2010 die politische Öffentlichkeit in Deutschland erregte, ist in diesem Zusammenhang zu sehen. Bei diesem, selbst von Qualitätsmedien mit genährten Phänomen, ging es nicht um eine Integrationsdebatte, die als solche, wenn sie unvoreingenommen und mit Argumenten geführt wird, in kulturell pluralistischen Gesellschaften aus gegebenem Anlass immer sinnvoll ist. Es handelte sich vielmehr um eine Art Scherbengericht einer immer unverhohlener ihre Ressentiments zum Ausdruck bringenden und wachsenden, zum Schluss wohl recht großen Gruppe in der deutschen Mehrheitsgesellschaft, die pauschal die ethnisch-religiöse Gruppe der türkischen und arabischen Muslime in Deutschland an den Pranger stellte. Sarrazins Buch „Deutschland schafft sich ab" von 2010 hatte mit seiner biologistischen Aufladung antiislamischer Vorurteile, die seit geraumer Zeit in Deutschland an Ausbreitung und Intensität ohnehin deutlich zugenommen hatten, den Startschuss gegeben[140]. Der Kern seines Buches besteht nicht im Aufdecken von Integrationsdefiziten. Die Debatte über sie auf der Basis wissenschaftlich seriöser Berichte der Bundsregierung und sachkundiger Autoren ist seit vielen Jahren im Gange und hat in den vergangen beiden Jahrzehnten zahlreiche Maßnahmen zur Verbesserung der Integration begründet. Das Neue, das eine Art populistischer Massenstimmung auslöste, war der Versuch des Autors, den Muslimen einen genetisch bedingten minderen Intelligenzquotienten zuzuschreiben, dem auch durch noch so intensive Bildungsbemühungen im Prinzip nicht abzuhelfen sei. Da nun aber der Sozialstaat dafür sorgt, dass auch die muslimischen Familien mit ihren überdurchschnittlichen Geburtsraten auf einem angemessenen sozialen Standard in Deutschland leben können, der ja die darwinistische Negativ-

---

[140] Vergl. zum Folgenden Sarrazin 2010

auslese der weniger Leistungstüchtigen außer Kraft setzt, bestimme eben diese Gruppe in zunehmendem Maße den gesamtdeutschen Intelligenzquotienten, wodurch der ökonomische Leistungsabfall des Landes in der globalen Konkurrenz vorprogrammiert sei. Indem der Sozialstaat dafür sorgt, dass Menschen mit minderer Intelligenz, biologisch determiniert und daher gesellschaftlich nicht mehr beeinflussbar, sich im Lande ausbreiten, verspielt er die ökonomische Zukunft des Landes. Die tatsächlichen und vermeintlichen Integrationsdefizite muslimischer Migrantengruppen werden auf eine eigentümliche Kombination von genetischer Minderwertigkeit und Wesensmerkmalen des Islam zurückführt. Dieser Biologismus, der einen chauvinistischen Ton in die Debatte hinein trägt, lässt letzten Endes alle Integrationsbemühungen der Muslime als vergeblich erscheinen. Wenn diese Menschen zum ewigen Unterschichtendasein am Rande der Gesellschaft verurteilt sind, weil ihre vererbte mangelnde Intelligenz auch durch noch so große Bildungsanstrengungen nicht ausgeglichen werden kann, dann ist der Keil zwischen ihnen und der Gesellschaft durch keine Politik mehr zu entfernen. Die Auftritte eines nach tausenden zählenden Publikums bei den Lesereisen des Autors, das ihn zur wirklichen, von der offiziellen Politik missachteten Stimme des Volkes hochjubelte, haben einen Schleier beiseite geschoben, der bis dahin den Blick auf die Einstellungen eines sehr großen Teils der deutschen Gesellschaft gegenüber den Muslimen im eigenen Lande getrübt hatte.

Eine Art Kulturkampf-Maschine

In den wissenschaftlich fundierten Publikationen war schon über die letzten 10 Jahre hinweg ein beständiges Ansteigen der Islamphobie konstatiert worden, und zwar in beängstigendem Ausmaß[141]. Nun zeigt nicht nur die ungehemmte Akklamation großer Teile der deutschen Gesellschaft bis hinein in die wohletablierten Mittelschichten, wie tief die Ressentiments gegen den Islam im Lande tatsächlich sitzen. Es ist nicht überraschend, dass viele Politiker unter diesem Druck einknicken und die nun ungehemmt öffentlich geäußerten Vorurteile in ihrem öffentlichen Diskurs übernehmen. Die Spirale der gegenseitigen Befeuerung von Misstrauen und unversöhnlicher Ablehnung bis hin zum Ethno-Fundamenta-

---

[141] Heitmeyer 2010

lismus in der Mehrheitsgesellschaft und religiös-politischem Trotzfundamentalismus bei den diskriminierten Minderheiten kann sich in Gang setzen. Es gibt in allen Ländern Akteure, die an systematischen interkulturellen Missverständnissen aus eigenem Interesse arbeiten und mitunter weltweit eine Art antagonistischer Kooperation eingehen. Es handelt sich um eine Art von Fall zu Fall gegründeter Kultur-Kampf-Industrie. Die beteiligten Ko-Produzenten arbeiten nach gemeinsamen Regeln, in reibungsloser Arbeitsteilung, zu gegenseitigem Nutzen, an einem gemeinsamen Produkt, das nur zustande kommt, wenn alle Mitwirkenden ihren je besonderen Beitrag dazu leisten, auch wenn sie alle zugleich daran interessiert sind, den gegenteiligen Eindruck zu erzeugen.

Ein Beispiel dafür war der von der dänischen Zeitung *Jyllandsposten* im Jahre 2005 ausgegangene Streit um Karikaturen des Propheten Mohammed. Er hat die eigenartigen Akteurskoalitionen, ihre Motive, Regeln und Produkte dieses politisch-kulturellen Betriebs sichtbar werden lassen. Fünf Akteursgruppen ließen sich unterscheiden. Sie können in ähnlicher Weise und vergleichbarer Aktionsform jederzeit an den unterschiedlichsten Orten zusammenfinden, je nach Anlass auch in anderer Konfiguration. Da sind, erstens, die populistischen Scharfmacher in der multikulturellen Demokratie, die für den erhofften politischen Gewinn der Vorurteilsschürung emsig am gezielten Missverstehen der Kulturen und Religionen arbeiten. Sie möchten den Anderen als Feind erscheinen lassen. Sie sind überall am Werk, wo kulturelle Differenzen zum politischen Missbrauch verlocken. Da sind, zweitens, die religiös-fundamentalistischen Eiferer und Gewalttäter, durchaus nicht nur in islamischen Gesellschaften, die Anlässe, auf die sie anspringen können, geradezu herbeisehnen, um sich als einzig kampfbereite Verteidiger der verletzten Würde ihrer Religion in die Gemüter ihrer Glaubensgenossen brennen zu können. Sie hoffen, auf diese Weise ihrer fadenscheinigen Legitimation ein wenig Substanz zu verleihen. Da sind, drittens, die machtzynischen Autokraten, nicht nur im Iran und in Syrien, die bei solchen Gelegenheiten ihren unterdrückten Gesellschaften mit gesteigerten Erfolgsaussichten vormachen können, in den entscheidenden Belangen eben doch der beste Anwalt ihrer „Ehre" zu sein, und auf diese Weise den Anschein aufpolieren, ihre Unterdrückungspolitik sei nötig, um die eigene Tradition gegen ihre Feinde zu bewahren. Da sind, viertens, erstaunlich genug, aber auch jene „Wächter" der westlichen Zivilisation, die sich durch pauschale Akte der Solidarisierung mit geringen Kosten und oft noch geringerer Sachkenntnis im Medienglanz für vermeintliches Interesse der Freiheit in die Bresche schlagen. Und da sind, keineswegs zuletzt, die Medien, die als Katalysatoren die Sache anheizen, den Produzenten die Kunden zuführen und den Unternehmern der Kultur-Kampf-Industrie den Markt richten.

Die Medien spielen eine Schlüsselrolle, indem sie scheinbar im öffentlichen Informationsinteresse die Auslöser-Ereignisse zunächst in Echtzeit weltweit publik machen und dann die allmählich in Gang kommenden Konflikte mit unterschiedlichen Graden der Beimischung ihrer Marktinteressen und deren Selektivität kräftig in Schwung halten. Sie liefern die schnellen Bilder zur allseitigen Empörung aus allen Ecken und Enden der Welt, so dass sich fundamentalistische Gewalttäter abends selbst über CCN im Fernsehen bewundern und ihre Erfolge beim „abendländischen" Publikum überprüfen können, um sich für die nächste Runde der Auseinandersetzung zu motivieren. Entsprechend der Medienlogik haben dabei wie üblich die Bilder von Konflikt, Gewalt und Schaden absoluten Vorrang vor Ereignissen der Verständigung, des demokratischen Wandels und den ganz überwiegenden Normalfällen interkultureller Ko-Existenz in allen Gesellschaften dieser Welt. Der Krieg macht bessere Bilder. Die fortwährende Selektion des Überspitzten gibt ihm Nahrung. Die Wirklichkeit der interkulturellen Beziehungen und der intra-kulturellen Zustände bleibt auf der Strecke. Die Sarrazin-Debatte war ein Beispiel dafür, wie eine islamfeindliche populistische Welle durch das gezielte Schüren von Vorurteilen in einem geeigneten gesellschaftlichen Moment ausgelöst werden kann.

Populismus und Fundamentalismus

Populistische Bewegungen und Methoden haben immer dann Aussicht auf Erfolg, wenn eine spezielle Problemkonstellation vorliegt. Diese ist von dem amerikanischen Populismusforscher *Lawrence Goodwyn* als „populistischer Moment" bezeichnet worden[142]: Individuelle Ängste schlagen dann am ehesten in breite populistische Bewegungen um, wenn den affektiven Bindungen der jeweils betroffenen Bevölkerungsgruppen

---

[142] Goodwyn 1978

an ihre überkommenen Lebensformen abrupt der Boden entzogen wird und der Verlust der Anerkennung von den betroffenen Personen als ein kollektives Schicksal erfahren oder befürchtet wird. Diese Konstellationsbeschreibung erinnert freilich sehr an den von Appleby und Marty beschriebenen „fundamentalistischen Moment". Sie benennt daher nur eine notwendige Voraussetzung populistischer Bewegungen, da unter den beschriebenen Umständen je nach geschichtlich gesellschaftlichem Kontext durchaus auch fundamentalistische oder revolutionäre Bewegungen aus ihm hervorgehen können. Vieles spricht dafür, dass die spezifische Nutzung des beschrieben kritischen „Moments" ausschlaggebend von der politischen Kultur und der Stabilität der rechtsstaatlich demokratischen Institutionen der betroffenen Länder abhängt. Aber die Übergänge zwischen den „weicheren" Formen eines gegen andere Religionen, Kulturen oder ethnische Gruppen gerichteten Populismus und dem „harten" Fundamentalismus sind zumeist fließend.

Ein Konflikt nicht zwischen, sondern in den Kulturen

Der religiös-politische Fundamentalismus ist in ähnlichen Formen in den letzten drei Jahrzehnten in allen Kulturen der Welt emporgekommen. Er ist weder auf die Kultur des Westens begrenzt, die einst den Begriff und die Sache hervorgebracht hat, noch bestimmten Kulturen wie dem Islam unwandelbar eingeschrieben. Er ist kein bloß westliches Analyseinstrument, das anderen Kulturen in westlicher Sichtweise übergestülpt würde. Der kulturübergreifende Vergleich zeigt, dass alle Kulturen unter vergleichbaren Bedingungen neben der modernisierenden und der traditionalistischen auch eine fundamentalistische Strömung der Selbstaktualisierung hervorbringen, die in ihren Strukturen und Funktionen trotz der großen Unterschiede der kulturellen Umwelten überall ähnliche Eigenschaften zeigt und Ausdruck moderner Krisenerfahrungen ist. Dieser Befund schließt ein Szenario des globalen Wechselspiels von Politik und Kultur ein, in dem die Konflikte der widerstreitenden Zivilisationsstile nicht zwischen den großen Kulturen verlaufen, sondern in ihrem Inneren selbst[143].

---

[143] Vergl. Senghaas 1998

Die modernisierenden Strömungen, die in unserer Zeit längst schon in allen Kulturen Fuß gefasst haben, ähneln einander in der Struktur ihres Programms, das der Durchsetzung von Individualisierung, Rationalisierung, Universalismus, Pluralismus und der Trennung von Religion und Staat gewidmet ist. Die sozio-kulturellen Milieus, die sich innerhalb der verschiedenen Kulturen unter dem Einfluss der Modernisierungsdynamik ausbilden, haben über die Grenzen der Nationen und Kulturen hinweg mehr Gemeinsamkeiten untereinander als mit traditionalistischen oder gar fundamentalistischen Milieus in ihrer eigenen Ursprungskultur. Auch die vom Traditionalismus geprägten sozialen Milieus ähneln einander in elementaren Einstellungen wie der Verteidigung von Patriarchat, Hierarchie, Großfamilie, dem Vorrang der Tradition und der Zentralstellung der Religion im Leben der Gemeinschaft und des Einzelnen sowie ihrem organischen Gesellschaftsverständnis über die Differenzen ihres kulturellen Sinnverständnisses hinweg in beträchtlichem Maße.

Die Fundamentalisten sagen den beiden konkurrierenden Strömungen – Modernismus und Traditionalismus – in jeder der Kulturen den Kampf an und verfechten kompromisslos das Ziel, durch ihre eigene Vorherrschaft mit der Übernahme von politischer Herrschaft und kultureller Macht die wahre Identität der überlieferten Kultur aus der modernen Verunreinigung neu auferstehen zu lassen und damit die Gesellschaft von den quälenden Problemen der Modernisierung ein für allemal zu heilen.

Wenn der Widerstreit der drei grundlegenden Zivilisationsstile in der Moderne eine universelle Charakteristik aller Kulturen ist und der Fundamentalismus überall in vergleichbarer Weise die vormachtorientierte Politisierung der kulturellen Differenz betreibt, dann erweisen sich die Kulturen selbst als die primären Arenen dieser Auseinandersetzung. Eine globale kulturelle Bruchlinie existiert tatsächlich, aber sie verläuft nicht zwischen den Kulturen, sondern in ihnen selbst, nämlich zwischen jenen, die nach der politischen Vormacht für ihr eigenes Verständnis der kulturellen Überlieferung streben, und jenen, die den politisch-rechtlichen Rahmen für die wechselseitige Anerkennung der unterschiedlichen Kulturen und Zivilisationsstile anerkennen.

Wenn, wie Benjamin Barber formuliert, der Fundamentalismus *der nervöse Kommentar der Moderne zu sich selbst* ist, der in ihren Krisen stets große Wirkungen entfacht, ist nicht zu erwarten, dass er in modernen Zeiten je ein für alle Mal kapituliert, wie gut die Gegenargumente gegen ihn und wie verheerend die Erfahrungen mit ihm auch sein mögen. Damit er ein schmales Rinnsal an den Rändern der Gesellschaft bleibt und nicht zu einem Strom anschwillt, der die Institutionen der säkularen Rechtsstaatlichkeit mit sich fortreißt, müssen die Schutzdämme aber nicht nur im kulturellen und politischen Raum gestärkt werden, durch Dialog, Kenntnis und Vertrautheit, sondern nicht weniger dringlich auch im sozialen und ökonomischen Alltagsleben. Ohne soziale Sicherheit, faire ökonomische Lebenschancen und politische Teilhabe dürften Dialogbemühungen und kulturelle Anerkennungsrituale kraftlos bleiben oder, im schlimmsten Falle, sogar als Heuchelei empfunden werden, die wider Willen stärkt, was sie zu schwächen hofft.

Editorische Notiz

Das vorliegende Buch baut auf früheren, in der Literaturliste genannten, Texten des Autors zu den Themen Fundamentalismus, Identitätspolitik, Politische Identität sowie Populismus auf, und führt sie im Lichte der neueren Debatten und Forschungen weiter.

Literatur

Almond, Gabriel A./ Verba, Sidney 1963: The Civic Culture. Political Attitudes and Democracy in Five Nations. Princeton, N.J.

Amirpur, Katajun (Hg.) 2009: Unterwegs zu einem anderen Islam. Texte iranischer Denker. Freiburg.

Anhut, Reimund/ Heitmeyer, Wilhelm 2000: Desintegration, Konflikt und Ethnisierung. Eine Problemanalyse und theoretische Rahmenkonzeption. In: Arsan, Bülent 2000: Integration als Zukunftsaufgabe. In: Das Parlament, Nr. 12/2000.

Armstrong, Karen/ Schaden, Barbara 2007: Im Kampf für Gott: Fundamentalisten in Christentum, Judentum und Islam. München.

Ashraf, Ali (ed.) 1994: Ethnic Identity and National Integration. New Delhi.

Ashraf, Ali 1995: Political Culture in India. New Delhi.

Assemblee National (Hg.) 1995: Les Sectes en France. Paris.

Barber, Benjamin R. 1995: Jihad vs. McWorld. New York.

Benhabib, Sheyla 1993: Demokratie und Differenz. Betrachtungen über Rationalität, Demokratie und Postmoderne. In: Brumlik, Micha/ Brunkhorst, Hauke, 1993.

Berger, Peter L. 1985: Das Unbehagen in der Modernität. Frankfurt/M./ New York.

Bielefeldt, Heiner 2003: Muslime im säkularen Rechtsstaat. Integrationschancen durch Religionsfreiheit. Bielefeld.

Bielefeldt, Heiner/ Heitmeyer, Wilhelm 1998: Politisierte Religion. Ursachen und Erscheinungsformen des modernen Fundamentalismus. Frankfurt/M.

Literatur

Black, Amy E. et al. 2004: Of Little Faith. The Politics of George W. Bush's Faith Based Initiatives. Washington D.C.

Blumenberg, Hans 1981: Die Genesis der kopernikanischen Welt, Frankfurt/M.

Blumenberg, Hans 1996: Die Legitimität der Neuzeit. Frankfurt/M.

Bourdieu, Pierre 1987: Die feinen Unterschiede. Kritik der gesellschaftlichen Urteilskraft. Frankfurt/M.

Brumlik, Micha/ Brunkhorst, Hauke (Hg.) 1993: Gemeinschaft und Gerechtigkeit. Frankfurt/M.

Castells, Manuel 2000: The Network Society. In: Held, David/ McGrew, Anthony: The Global Transformation Reader. Cambridge.

Castells, Manuel 2002: Die Macht der Identität. Teil 2 der Trilogie Das Informationszeitalter. Opladen.

Chandra, B. 1987: Communalism in Modern India. New Dehli.

Charfi, Mohamed 2005: Islam and Liberty. The Historical Misunderstanding. London.

Dabashi, Hamid 2006: Theology of Discontent: The Ideological Foundation of the Islamic Revolution in Iran. Piscataway, N.J.

Die Gruppe von Lissabon 1997: Grenzen des Wettbewerbs. Die Globalisierung der Wirtschaft und die Zukunft der Menschheit. Neuwied.

Decker, Frank 2006: Populismus. Gefahr für die Demokratie oder nützliches Korrektiv. Wiesbaden.

Decker, Oliver u.a. 2010: Die Mitte in der Krise. Rechtsextreme Einstellungen in Deutschland 2010. Friedrich-Ebert-Stiftung, Berlin.

Diamond, Sara 1998: Not by Politics Alone. The Enduring Influence of the Christian Right. New York/ London.

Diehl, Claudia/ Urbahn, Julia 1998: Die soziale und politische Partizipation von Zuwanderern in der Bundesrepublik Deutschland. Bonn.

Diner, Dan 2005: Die versiegelte Zeit. Berlin.

Dionne, E.J.Jr./ Elshtain, Jean B./ Drogosz, Kayla M. (eds) 2004: One Electorate Under God? A Dialogue on Religion and American Politics. Washington D.C.

Duyvené de Wit, Thom/ Koopmans, Ruud 2001: Die politisch-kulturelle Integration ethnischer Minderheiten in den Niederlanden und in Deutschland. In: Forschungsjournal Neue Soziale Bewegungen, Nr. 1/2001.

Eisenstadt, Shmuel N. 1998: Die Antinomien der Moderne: Die jakobinischen Grundzüge der Moderne und des Fundamentalismus. Frankfurt/M.

Elias, Norbert 1979: Über den Prozess der Zivilisation. Soziogenetische und psychogenetische Untersuchungen. 2 Bd., Frankfurt/M.

Elst, Koenraad 1991: Ayodhya and After. Issues Before Hindu Society. New Delhi.

Ende, Werner/ Steinbach, Udo (Hg.) 1984: Der Islam in der Gegenwart. München.

Erez, M./ Early, P. Chr. 1994: Culture, Self-Identity and Work. New York/ Oxford.

Esser, Hartmut 2001: Integration und das Problem der „multikulturellen Gesellschaft". In: Mehrländer, Ursula/ Schultze, Günther, 2001.

Fennema, Meindert/ Tillie, Jan 2001: "Civic Community, politische Partizipation und politisches Vertrauen – Ethnische Minderheiten in den Niederlanden. In: Forschungsjournal Neue Soziale Bewegungen, Nr. 1/2001.

Flaig; Bodo/ Meyer, Thomas/ Ueltzhöffer, Jörg 1993: Alltagsästhetik und politische Kultur. Zur ästhetischen Dimension politischer Bildung und politischer Kultur. Bonn.

Fooladvand, Azizollah 1998: Der Modernisierungsprozess im Iran in den 1960er Jahren als Impuls für die Entstehung des Fundamentalismus. Inauguraldissertation an der Universität zu Köln. Göttingen.

Frey, H.-P./ Haußer, K. (Hg.) 1987: Identität. Entwicklungen psychologischer und soziologischer Forschung. Stuttgart.

Friedrich-Ebert-Stiftung (Hg.) 1970: One World Only. How Can World Religions Help To Survive. Tokyo.

Friedrich-Ebert-Stiftung (Hg.) 1998: Ghettos oder ethnische Kolonie? : Entwicklungschancen von Stadtteilen mit hohem Zuwandereranteil/ Forschungsinstitut der Friedrich-Ebert-Stiftung, Abt. Arbeit und Sozialpolitik. Bonn.

Gasper, Hans/ Müller, Joachim/ Valentin, Friederike 1999: Lexikon der Sekten, Sondergruppen und Weltanschauungen. Freiburg.

Geska, Michael 2003: Indonesien. Sozialökonomischer Niedergang und Fundamentalismus. Marburg.

Goodwyn, Lawrence 1978: The Populist Moment. Oxford.

Graf, Friedrich W. 2007: Die Wiederkehr der Götter. Religion in der Modernen Kultur. München.

Habermas, Jürgen 1997: Die Einbeziehung des Anderen. Frankfurt/M.

Habermas, Jürgen/ Ratzinger, Joseph 2005: Dialektik der Säkularisierung. Über Vernunft und Religion. Freiburg u.a.

Habermas, Jürgen 1997: Anerkennungskämpfe im demokratischen Rechtsstaat. In: Taylor, Charles 1997.

Habermas, Jürgen 2005: Zwischen Naturalismus und Religion. Frankfurt/M.

Hadiwinata, Bob S./ Schuck, Christoph (eds) 2007: Democracy in Indonesia. The Challenge of Consolidation. Baden-Baden.

Hafez, Kai (Hg.) 1996: Der Islam und der Westen. Frankfurt/M.

Hafez, Kai 2001: Globalisierung, Ethnisierung und Medien: Eine "Parallelgesellschaft durch türkischen Medien in Deutschland? In: Becker, Jörg/ Behnisch, Reinhard (Hg.): Zwischen Abgrenzung und Integration – Türkische Medienkultur in Deutschland. Dokumentation einer Tagung vom 28. bis 30. Januar 2000 der Evangelischen Akademie Loccum, Loccumer Protokolle 3/00, Loccum 2001, S. 37- 48.

Hafez, Kai 2001: Zwischen Parallelgesellschaft, strategischer Ethnisierung und Transkultur. Die türkische Medienkultur in Deutschland, in: Blätter für deutsche und internationale Politik. 45, 6/2000, S. 728-736.

Hagemann, Steffen 2010: Die Siedlerbewegung. Fundamentalismus in Israel. Schwalbach.

Haller, Gret 2005: Politik der Götter. Europa und der neue Fundamentalismus. Berlin.

Hansen, Georg 1997: Zum Spannungsverhältnis von Integration und Segregation, 4. Aufl., Hagen.

Harris, Harriet A. 1998: Fundamentalism and Evangelicals. Oxford.

Harris, Sam/ Badal, Yvonne 2008: Brief an ein christliches Land. Eine Abrechnung mit dem religiösen Fundamentalismus. Gütersloh.

Heimann, Horst 1989: Marxismus als Fundamentalismus? In: Meyer, Thomas 1989b.

Heitmeyer, Wilhelm/ Anhut, Reimund (Hg.) 2000: Bedrohte Stadtgesellschaft. Soziale Desintegrationsprozesse und ethnisch kulturelle Konfliktkonstellationen. Weinheim und München: 17-76.

Heitmeyer, Wilhelm 1996: Die bedrängte Toleranz. Frankfurt/M.

Heitmeyer, Wilhelm (Hg.) 1998: Was hält die Gesellschaft zusammen? Frankfurt/M.

Heitmeyer, Wilhelm (Hg.) 1999: Was treibt die Gesellschaft auseinander? Frankfurt/M.

Literatur 155

Heitmeyer, Wilhelm 2010: Deutsche Zustände. Folge 9. Frankfurt/M.

Heitmeyer, Wilhelm/ Müller J./ Schröder, J. 1997: Verlockender Fundamentalismus. Türkische Jugendliche in Deutschland. Frankfurt/M.

Heller, Erdmute/ Mosbahi, Hassouna (Hg.) 1998: Islam. Demokratie. Moderne. Aktuelle Antworten arabischer Denker. München.

Hofstede, Geert 1980: Culture's Consequences: International Differences in Work-Related Values. Beverly Hills.

Hofstede, Geert 1993: Interkulturelle Zusammenarbeit. Wiesbaden.

Hofstede, Geert 1994: Cultures and Organizations. Intercultural Cooperation and its Importance for Survival. London.

Hufen, Friedhelm 2000: Entfundamentalisierung als Konstitutionsprinzip der modernen Demokratie, in: Marko, Joseph/ Burkert-Dottolo, Günther R. (Hg.) 2000: Multikulturelle Gesellschaft und Demokratie, Baden-Baden, 21-29.

Huntington, Samuel P. 1996: Kampf der Kulturen. Die Neugestaltung der Weltpolitik im 21. Jahrhundert. München.

Inglehart, Ronald/ Basañez, Miguel/ Morena, Alejandro 2008: Human Values and Beliefs: A Cross-Cultural Sourcebook. Ann Arbor.

Inglehart, Ronald/ Norris, Pippa 2009: Cosmopolitan Communications. Cultural Diversity in a Globalized World. Cambridge.

Innenministerium Nordrhein-Westfalen (Hg.) 1996: Scientology – eine Gefahr für die Demokratie. Eine Aufgabe für den Verfassungsschutz. Düsseldorf.

Jäggi, Chr.J./ Krieger, D.J. 1991: Fundamentalismus. Ein Phänomen der Gegenwart. Zürich.

Jaschke, Hans-Gerd 1998: Fundamentalismus in Deutschland. Hamburg.

Kallscheuer, Otto (Hg.) 1996: Das Europa der Religionen. Ein Kontinent zwischen Säkularisierung und Fundamentalismus. Frankfurt/M.

Keddie, Nikki R./ Richard, Yann 2006: Modern Iran: Roots and Results of Revolution. New Haven.

Kepel, Gilles 1991: Die Rache Gottes. München.

Kepel, Gilles 2004: Die neuen Kreuzzüge. Die arabische Welt und die Zukunft des Westens. München.

Kermani, Navid 2000: Iran. Die Revolution der Kinder. München.

Khomeini, Ruholla (1979) 1983: Der Islamische Staat. Berlin.

Klein, Ansgar/ Koopmans, Ruud/ Geiling, Heiko (Hg.) 2001: Globalisierung. Partizipation. Protest. Opladen.

Khoury, Adel Th./ Hagemann, Ludwig/ Heine, Peter 1991: Islamlexikon. 3 Bände. Freiburg.

Konrád, György 1993: Identität und Hysterie. Frankfurt/M.

Koopmans, Ruud/ Statham, Paul (Hg.) 2000: Challenging Immigration and Ethnic Relations Politics: Comparative European Perspectives. Oxford.

Koopmans, Ruud/ Statham, Paul 2001: Herausforderung des liberalen Nationalstaats? Postnationalismus, Multikulturalismus und die kollektiven Forderungen von Migranten und ethnischen Minderheiten in Großbritannien und Deutschland. In: Klein, Ansgar/ Koopmans, Ruud/ Geiling, Heiko 2001.

Kotkin, Joel 1993: Tribes. How Race, Religion and Identity Determine Success in the New Global Economy. New York.

Krämer, Gudrun 1999: Gottes Staat als Republik. Reflexionen zeitgenössischer Muslime zu Islam, Menschenrechten und Demokratie. Baden-Baden.

Krämer, Gudrun 2010: Hasan al-Banna. Oxford, New York.

Krappmann, L. 1988: Soziologische Dimensionen der Identität. 7. Aufl., Stuttgart.

Kroeber, A.L. 1957: Style and Civilizations, Ithaka/ New York.

Küng, Hans/ Kuschel, Karl-Josef (Hg.) 1990: Erklärung zum Weltethos. Die Deklaration des Parlaments der Weltreligionen. München.

Küng, Hans 1990: Projekt Weltethos. München.

Küng, Hans 1993: Parlament der Weltreligionen. München/ Zürich.

Küng, Hans 1997: Weltethos für Weltpolitik und Weltwirtschaft. München.

Kymlicka, Will 2000: Politics in The Vernacular: Nationalism, Multiculturalism & Citizenship. Oxford.

Kymlicka, Will/ Norman, Wayne 2000: Citizenship in Diverse Societies. Oxford.

Leggewie, Claus 2000: Integration und Segregation. In: Bade, Klaus J. / Münz, Rainer (Hg.) 2000: Migrationsreport 2000. Fakten – Analysen – Perspektiven. Für den Rat für Migration. Frankfurt/M. 85-140.

Leggewie, Claus 2002: Auf dem Weg Zum Euro-Islam?, Bad Homburg v.d.H.

Lehmann, Hartmut 2004: Einführung. In: Lehmann, Hartmut/ Albrecht, Ruth (Hg.): Geschichte des Pietismus. Göttingen.

Lehmann, Hartmut 2006: Sonderweg Europas oder Sonderweg Amerikas. Religiosität und Kirchlichkeit im transatlantischen Vergleich. In: Mörschel, Tobias (Hg.): Macht Glaube Politik? Religion und Politik in Europa und Amerika. Göttingen.

Löw-Beer, Martin 1993: Der normative Kitt zwischen Lebensformen: Überlegungen zur politischen Toleranz. In: Brumlik, Micha/ Brunkhorst, Hauke 1993.

Markus, György 2010: Ungarn nach den Wahlen. Eine Illiberale Demokratie. In: Neue Gesellschaft/Frankfurter Hefte. Nr. 7/8, 2010.

Marquard, O./ Stierle, K. (Hg.) 1979: Identität. München.

Marty, M.E./ Appleby, R.S. 1991: Fundamentalisms Observed. Chicago.

Marty, M.E./ Appleby, R.S. 1993: Fundamentalism and the State. Chicago.

Marty, M. E./ Appleby, R.S. 1995: Fundamentalisms Comprehended. Chicago.

Marty, M. E./ Appleby, R.S. 1996: Herausforderung Fundamentalismus. Radikale Christen, Moslems und Juden im Kampf gegen die Moderne. Frankfurt/M./ New York.

Mehrländer, Ursula/ Schultze, Günther (Hg.) 2001: Einwanderungsland Deutschland. Neue Wege nachhaltiger Integration. Bonn.

Mehta, Suketu 1997: „Mumbai. Eine Metropole im Krieg gegen sich selbst". In: Lettre International. H. 37,II. Vj.: 23-27.

Meyer, Stephen G. 2000: As long as they don't move next door. Segregation and racial conflict in American neighbourhoods. Lanham.

Meyer, Thomas 1989a: Fundamentalismus. Aufstand gegen die Moderne. Reinbek.

Meyer, Thomas (Hg.) 1989b: Fundamentalismus in der modernen Welt. Frankfurt/M.

Meyer, Thomas 1995: Fundamentalismus. Der Kampf gegen Aufklärung und Moderne. Dortmund.

Meyer, Thomas 1997: Identitätswahn. Die Politisierung des kulturellen Unterschieds. Berlin.

Meyer, Thomas 2000: Ethnisch-kulturelle Integration und Parallelgesellschaften. In: Parallelgesellschaften und Extremismus. Tagung mit Unterstützung der Landeszentrale für politische Bildung Hamburg, 6. November 1999, Europa-Union Hamburg (Hg.), Hamburg.

Meyer, Thomas 2001: Identity Mania. The Politicization of Cultural Difference. New Delhi/ London.

Meyer, Thomas 2002: Identitätspolitik. Frankfurt/M.

Meyer, Thomas 2010: Was ist Politik? Wiesbaden.

Münch, Richard 1986: Die Kultur der Moderne. 2 Bde. Frankfurt/M.

Literatur

Mynarek, Hubertus 1992: Denkverbot. Fundamentalismus um Christentum und Islam. Bad Nauheim.

Nassehi, Armin 2010: Multikulturell sind wir schon ohne Einwanderer. In: Süddeutsche Zeitung Nr. 276.

Neugebauer, Gero 2007: Politische Milieus in Deutschland. Die Studie der Friedrich-Ebert-Stiftung. Bonn.

Neuner, Peter 2009: Der Streit um den katholischen Modernismus. Frankfurt/M./ Leipzig.

Norris, Pippa/ Inglehart, Ronald 2004: Sacred and Secular. Religion and Politics Worldwide. Cambridge.

Oberndörfer, Dieter 2001: Vom Unsinn der "Integration". Wer von Ausländern die Anpassung an eine deutsche Leitkultur fordert, hat keine Ahnung vom Grundgesetz. [http://www.amana-online.de/pp/news/amana-news/msg00180.shtml], 26.06.01

Parsons, Talcott 1986: Aktor, Situation und normative Muster. Ein Essay zur Theorie sozialen Handelns. Frankfurt/M.

Pfahl-Traughber, Armin 2001: Islamismus in der Bundesrepublik. In: Aus Politik und Zeitgeschichte, B51/2001.

Pfütner, Stephan H. 1991: Fundamentalismus. Die Flucht ins Radikale. Freiburg.

Prätorius, Rainer 2003: In God We Trust. Religion und Politik in den USA. München.

Qutb, Sayyid 1992: Dieser Glaube. Der Islam. Kuwait.

Rawls, John 1992: Die Idee des Politischen Liberalismus. Frankfurt/M.

Riesebrodt, Martin 1990: Fundamentalismus als patriarchalische Protestbewegung. Tübingen.

Riesebrodt, Martin 2001: Die Rückkehr der Religionen: Fundamentalismus und der Kampf der Kulturen. München.

Roberts, J.M. 1986: Der Triumph des Abendlandes. Düsseldorf.

Rohe, Karl 1987: Politische Kultur und der kulturelle Aspekt politischer Wirklichkeit. Konzeptionelle und typologische Überlegungen zu Gegenstand und Fragestellung Politischer Kultur-Forschung. In: Berg-Schlosser, Dirk/ Schissler, Jakob (Hg.) 1987: Politische Kultur in Deutschland. Bilanz und Perspektiven der Forschung. Opladen.

Rohe, Mathias 2009: Das Islamische Recht. München.

Rokeach, Milton 1960: The Open and Closed Mind. New York.

Roy, Oliver 2006: Der islamische Weg nach Westen. München.

Roy, Oliver 2008: Der falsche Krieg. Islamisten, Terroristen und die Irrtümer des Westens. München.

Roy, Oliver 2010: Heilige Einfalt: Über die politischen Gefahren entwurzelter Religionen. München.

Santel, Bernhard 2000: Interview: "Eine Parallelgesellschaft gibt es nicht!". In: Das Parlament, Nr. 3-4/2000.

Sarrazin, Thilo 2010: Deutschland schafft sich ab: Wie wir unser Land aufs Spiel setzen. München.

Sattler, Karl-Otto 2000: Die Schattenseiten einer Subkultur. Tendenzen zu Parallelgesellschaften. In: Das Parlament, Nr. 18-19/2001.

Sayyid, S. 2003: A Fundamental Fear. Eurocentrism and the Emergence of Islamism. London.

Schiffauer, Werner 2008: Parallelgesellschaften. Wie viel Wertekonsens braucht unsere Gesellschaft? Für eine kluge Politik der Differenz. Bielefeld.

Schiffauer, Werner 2000: Die Gottesmänner. Türkische Islamisten in Deutschland. Frankfurt/M.

Schiffauer, Werner 2010: Nach dem Islamismus. Die Islamische Gemeinschaft Milli Görüs. Eine Ethnographie. Berlin.

Literatur 161

Schiffer, Sabine 2005: Die Darstellung des Islams in der Presse. Sprache, Bilder, Suggestionen. Eine Auswahl von Techniken und Beispielen. Würzburg.

Schluchter, Wolfgang 2003: Fundamentalismus, Terrorismus, Krieg. Weilerswist.

Schuck, Christoph 2003: Der indonesische Demokratisierungsprozess. Baden-Baden.

Sen, Amartya 2007: Die Identitätsfalle. Warum es keinen Krieg der Kulturen gibt. München.

Sen, Faruk/ Sauer, Martina/ Halm, Dirk 2004: Euro-Islam. Eine Religion etabliert sich in Europa. Stand, Perspektiven, Herausforderungen. Essen.

Senghaas, Dieter 1998: Zivilisierung wider Willen. Der Konflikt der Kulturen mit sich selbst. Frankfurt/M.

Shabestari, Mohammad M. 2003: Der Islam und die Demokratie. Erfurt (Christoph Martin Wieland Vorlesungen).

Six, Clemens/ Riesebrodt, Martin/ Haas, Siegfried (Hg.) 2004: Religiöser Fundamentalismus. Vom Kolonialismus zur Globalisierung. Innsbruck u.a.

Soroush, Abdolkarim 1998: Liberal Islam. Oxford.

Soroush, Abdolkarim 2000: Reason, Freedom and Democracy. Essential Writings. Oxford.

Taylor, Charles 1997: Multikulturalismus und die Politik der Anerkennung. Mit einem Beitrag von Jürgen Habermas. Frankfurt/M.

Taylor, Charles 2009: Ein Säkulares Zeitalter. Frankfurt/M.

Terkessidis, M. 1995: Kulturkampf. Volk, Nation, der Westen und die Neue Rechte. Köln.

Thadden, Rudolf v./Hofmann, Anna 2005: Populismus in Europa-Krise der Demokratie. Göttingen.

Thränhardt, Dietrich 2000: Conflict, Consensus, and Policy Outcomes. In: Koopmans, Ruud/ Statham, Paul 2000.

Tibi, Bassam 1992: Die fundamentalistische Herausforderung: Der Islam und die Weltpolitik. München.

Tibi, Bassam 1995: Krieg der Zivilisationen. Politik und Religion zwischen Vernunft und Fundamentalismus. Hamburg.

Tönnies, Ferdinand 1887: Gemeinschaft und Gesellschaft. Grundbegriffe der reinen Soziologie. Berlin.

Torr, James D. (ed.) 2006: How Does Religion Influence Politics? Detroit u.a.

Torrey, Reuben Archer (ed.) 1909: The Fundamentals. Los Angeles.

Touraine, Alain 1995: Critique of Modernity. Oxford/ Cambridge.

Unabhängige Kommission Zuwanderung 2001: Zuwanderung gestalten. Integration fördern. Berlin.

Varshney, Ashutosh 2002: Ethnic Conflict and Civic Life. Hindus and Muslims in India. New Haven/ London.

Vette, Joachim 2007: Christliche Bibelauslegung. In: www. wibilex. Das wissenschaftliche Bibellexikon im Internet.

Voll, Klaus 1989: Fundamentalistische Tendenzen unter Hindus und Moslems in Indien. In: Meyer, Thomas 1989b.

Volpi, Frédéric 2003: Islam and Democracy. The Failure of Dialogue in Algeria. London.

Wallerstein, Immanuel 1992: Geopolitics and Geoculture: Essays on the Changing World-System. Cambridge.

Weber, Max 1978: Gesammelte Aufsätze zur Religionssoziologie. Tübingen.

Literatur

Welsch, Wolfgang 1994: Transkulturalität - die veränderte Verfassung heutiger Kulturen. In: Stiftung Weimarer Klassik (Hg.): Sichtweisen. Die Vielheit in der Einheit. Frankfurt/M.

Welt, Jochen 2001: Von der gesellschaftlichen Selbsttäuschung zum Zuwanderungs- und Integrationskonzept. In: Mehrländer, Ursula/Günther Schultze 2001.

Wieland, Rotraut 1971: Offenbarung und Geschichte im Denken moderner Muslime. Wiesbaden.

Zentrum für Türkeistudien 1999: Das integrative bzw. desintegrative Potential türkischer Selbstorganisation unter besonderer Berücksichtigung ethnisch verdichteter Stadtteile. Essen.

Zentrum für Türkeistudien. Sen, Faruk/ Sauer, Martina/ Halm, Dirk 2001: Intergeneratives Verhalten und (Selbst-) Ethnisierung von türkischen Zuwanderern. Essen.

Neu im Programm Politikwissenschaft

Carlo Masala / Frank Sauer / Andreas Wilhelm (Hrsg.)
Handbuch der Internationalen Politik
Unter Mitarbeit von Konstantinos Tsetsos
2010. ca. 510 S. Br. EUR 49,95
ISBN 978-3-531-14352-1

Das Handbuch der Internationalen Politik vermittelt theoretische und methodische Grundlagen der Forschungsdisziplin Internationale Beziehungen. Die Einzelbeiträge geben einen Überblick über Akteure, Strukturen und Prozesse sowie Handlungsfelder der internationalen Politik und dienen darüber hinaus der Vermittlung von aktuellen Erkenntnissen der Forschung. Der Sammelband richtet sich sowohl an Studierende und Wissenschaftler als auch die interessierte Öffentlichkeit.

Thomas Meyer
Was ist Politik?
3., akt. u. erg. Aufl. 2010. 274 S. Br.
EUR 19,95
ISBN 978-3-531-16467-0

Das Buch bietet allen politisch Interessierten und all denen, die genauer verstehen möchten, wie Politik funktioniert, eine fundierte und leicht verständliche Einführung. Es hat zwei besondere Schwerpunkte: die neuen politischen Fragen (Identitätspolitik, Zivilgesellschaft, Biopolitik und Globalisierung) und die neuesten Entwicklungen der Mediendemokratie.

Gerhard Naegele (Hrsg.)
Soziale Lebenslaufpolitik
Unter Mitarbeit von Britta Bertermann
2010. 775 S. (Sozialpolitik und Sozialstaat)
Br. EUR 69,95
ISBN 978-3-531-16410-6

Die demographische Entwicklung in Deutschland hat uns bewusst gemacht, dass sich Gesellschaft, Politik und Wirtschaft auf die Einbindung von älteren Menschen in der Arbeitswelt einstellen müssen. Damit gewinnt aus durchaus praktischen Gründen die wissenschaftliche Erforschung des sozialen Lebenslaufs und seine politische Gestaltung insgesamt eine zentrale Bedeutung: Die schnelle und fundamentale Änderung von modernen Lebensverläufen erfordert eine bewusste Politik in zahlreichen Bereichen. Dieser Band bietet einerseits die wissenschaftlichen Grundlagen der Lebenslaufforschung, andererseits untersucht er die Politikbereiche, in denen Lebenslaufpolitik verstärkt betrieben werden muss.

Erhältlich im Buchhandel oder beim Verlag.
Änderungen vorbehalten. Stand: Juli 2010.

www.vs-verlag.de

VS VERLAG

Abraham-Lincoln-Straße 46
65189 Wiesbaden
Tel. 0611.7878-722
Fax 0611.7878-400

Elemente der Politik

Hrsg. von Bernhard Frevel / Klaus Schubert / Suzanne S. Schüttemeyer / Hans-Georg Ehrhart

Aden, Umweltpolitik
2011. ca. 120 S. Br. ca. EUR 12,95
ISBN 978-3-531-14765-9

Blum / Schubert, Politikfeldanalyse
2., akt. Aufl. 2011. 195 S. Br. ca. EUR 16,95
ISBN 978-3-531-17276-7

Dehling / Schubert,
Ökonomische Theorien der Politik
2011. ca. 120 S. Br. ca. EUR 12,95
ISBN 978-3-531-17113-5

Dittberner, Liberalismus
2011. ca. 120 S. Br. ca. EUR 14,95
ISBN 978-3-531-14771-0

Dobner, Neue Soziale Frage und Sozialpolitik
2007. 158 S. Br. EUR 12,90
ISBN 978-3-531-15241-7

Frantz / Martens, Nichtregierungs-
organisationen (NGOs)
2006. 159 S. Br. EUR 14,90
ISBN 978-3-531-15191-5

Frevel, Demokratie
Entwicklung - Gestaltung - Problematisierung
2., überarb. Aufl. 2009. 177 S. Br. EUR 12,90
ISBN 978-3-531-16402-1

Fuchs, Kulturpolitik
2007. 133 S. Br. EUR 14,90
ISBN 978-3-531-15448-0

Gareis, Internationaler Menschenrechtsschutz
2011. ca. 150 S. Br. ca. EUR 13,95
ISBN 978-3-531-15474-9

Gawrich, Das politische System der BRD
2011. ca. 120 S. Br. ca. EUR 12,95
ISBN 978-3-531-16407-6

Holtmann / Reiser, Kommunalpolitik
2011. ca. 120 S. Br. ca. EUR 12,95
ISBN 978-3-531-14799-4

Jahn, Vergleichende Politikwissenschaft
2011. ca. 120 S. Br. ca. EUR 12,95
ISBN 978-3-531-15209-7

Jahn, Frieden und Konflikt
2011. ca. 120 S. Br. ca. EUR 14,95
ISBN 978-3-531-16490-8

Jaschke, Politischer Extremismus
2006. 147 S. Br. EUR 14,95
ISBN 978-3-531-14747-5

Johannsen, Der Nahost-Konflikt
2., akt. Aufl. 2009. 167 S. Br. EUR 16,95
ISBN 978-3-531-16690-2

Kevenhörster / v.d. Boom, Entwicklungspolitik
2009. 112 S. Br. EUR 12,90
ISBN 978-3-531-15239-4

Kost, Direkte Demokratie
2008. 116 S. Br. EUR 12,90
ISBN 978-3-531-15190-8

Meyer, Sozialismus
2008. 153 S. Br. EUR 12,90
ISBN 978-3-531-15445-9

Piazolo, Die Europäische Union
2011. ca. 120 S. Br. ca. EUR 12,95
ISBN 978-3-531-15446-6

Schmitz, Konservativismus
2009. 170 S. Br. EUR 16,90
ISBN 978-3-531-15303-2

Schröter, Verwaltung
2011. ca. 120 S. Br. ca. EUR 14,95
ISBN 978-3-531-16474-8

Erhältlich im Buchhandel oder beim Verlag.
Änderungen vorbehalten. Stand: Juli 2010.

www.vs-verlag.de

VS VERLAG

Abraham-Lincoln-Straße 46
65189 Wiesbaden
Tel. 0611.7878-722
Fax 0611.7878-400